学長リーダーシップの条件

両角亜希子 編著

東信堂

目次／学長リーダーシップの条件

学長リーダーシップの条件

序章　本書のねらい

両角亜希子

　大学経営の高度化、複雑化の中で、大学経営人材に対する期待がますます高まっている。筆者は大学経営の研究者であるが、2007年ごろから現在に至るまで幸いにも様々な機会に恵まれて、学長等に対する多くのインタビュー調査を行ってきた。そうした多くのケーススタディを通じて、学長によって大学は変わるということを実感してきた。学長のリーダーシップに大きな関心が寄せられ、実態も変わりつつある。しかし、関心の高まりに反して、学長のリーダーシップとは何か、またどのようにリーダーシップは発揮できるのか等、よくわかっていないことも多い。

　政策的には、学長に権限を集中させるガバナンス改革によって学長がリーダーシップを発揮できるように導いてきた。しかし、それだけで学長のリーダーシップが実現するとは考えにくい。学長をはじめとする上級管理職の経営者としての能力を高めていく、人材育成という観点が不可欠である、というのが本書の主張である。そこで、本書では大学経営人材の中でも、とくに教員出身の上級管理職を対象として、大学経営人材としての高度化がいかに可能であるのかについて検討する。本書は「こうすればリーダーシップが発揮できる」といった条件を示したノウハウ書でもないし、そもそも万能の処方箋はない。しかし本書で明らかになった実証研究の知見は学術上の意義があるだけではなく、実践者にも何らかのヒントを与えられるものだと考えている。

1　ガバナンス改革から大学経営人材の養成へ

　学長リーダーシップへの期待は、2004年の国立大学の法人化、2014年の学校教育法改正など近年、とくに関心が高まってきたように言われているが、大学改革を推進するために、学長のリーダーシップへの期待が寄せられるようになったのは1980年代後半ごろからの流れである。たとえば、1987年4月に出された臨時教育審議会の「教育改革に対する第三次答申」では、大学組織・運営における自主・自律性と責任ある体制の確立を強調し、学長のリーダーシップへの期待などが指摘されている。1995年9月の大学審議会組織運営部会の答申「大学運営の円滑化について」では、学内での意思決定プロセスを効率化し、全学的な改革を実施するために、学長のリーダーシップの重要性が強調され、このために学長にもっと多くの権限を集中させるべきだと議論された。1998年10月の大学審議会の答申「21世紀の大学像と今後の改革方策について」の中でも学長を中心とする全学的な運営体制の整備について述べられている。長年の議論を経て、ようやく近年、急速に現実の変化も起きつつある。

　大学経営は学長1人が行うわけではなく、様々な大学経営人材の育成と高度化が求められている。大学に対して、教育研究の高度化が求められると同時に、その成果の可視化や、さらに地域課題やグローバル課題への対応が求められている。しかも、ほとんどの大学では補助金が減少するなど、厳しい予算制約の中で、より高度な活動が求められている。どの大学でも同じようなことをすればよいだけであれば、政策でその具体像を示し、予算を付けて皆が同じようなことをすればよいが、それぞれの大学に求められる教育環境の高度化とは何か、地域とどのような関係を構築するのかも異なり、それぞれの大学が持っている資源、歴史的な背景、重視している価値観なども異なっているため、それぞれの大学が環境の変化を読み解き、何をすべきか、何ができるかを判断しなければならない。求められる変化や対応が一様ではないからこそ、それぞれの大学でそれらを判断し、実現できる人材が不可欠なの

である。

　学長らがリーダーシップを発揮していくための政策的な手段としては学長への権限強化・集中の方向性が顕著である。2004 年の国立大学の法人化の設計で国際的にみても稀なほどの強大な権限を与えたのは象徴的であったし、2014 年の学校教育法の改正では、学長補佐体制の強化のために、副学長の職務規定が改められ、教授会の役割は明確化・限定化されることになった。また、学長裁量経費として使える予算の配分、補助要件として一定のガバナンス改革を求めるなど、制度改正や予算措置などの政策を通じて学長の権限強化が推し進められている。大学改革が期待通りに進まないのはガバナンスが悪いからだ、というロジックで、ガバナンス改革への期待が寄せられてきた。しかし、問題はガバナンスの在り方ではなく、むしろ経営能力の不足・欠如ではないだろうか、と様々な大学の事例を分析する中で感じるようになってきた。大きな大学改革を行っている大学の学長等に話を聞きに行くと、ガバナンス上の制約条件がありつつも一定の成果をあげることで学内の信頼を得て、その後に、それぞれの大学の事情に見合ったガバナンスの変更を行うことができたという話が多く、教育改革や人事制度改革をするためにガバナンス改革から始めた、といった話はほとんど聞いたことがない。また、経営がかなり厳しくなっている大学では経営者の経営能力や資質に問題があることも少なくない (小川 2016)。筆者もそれぞれの大学でより良い形へとガバナンス改革が行われることは重要だと考えているが、ガバナンス改革流行の単純化されすぎた議論をみると、経営能力の問題がすり替えられているという印象さえ抱くことがある。政策が現場の改革を後押しする正の側面も確かにあるが、近年は改革内容について細部にわたる統制がかなり強まっている傾向がある。そのためなのかはわからないが、大学側で何をやるかを考えるのではなく、政策で提示された内容を学内でどのように実現するかばかりを必死に考える経営人材が増えてきたように感じており、それに対しても筆者は強い危機感を抱いている (両角 2018a、2019)。どの大学も同じようなことをすればよいわけでなく、大学が社会から期待される役割を十分に果たしていくためには、遠回りに見えるかもしれないが、経営人材の育成が不可欠であると、

あたりまえのことを強調して述べているのは、こうした問題意識が意外と共有されていないと感じているからである。

2　なぜ学長などの学術管理職か

　大学経営人材になっていくルートは大きくわければ、教員、職員、外部人材(学外者)の3つが考えられる。

　まず、職員については、プロフェッショナルとしての大学行政管理職員の確立を目指して大学行政管理学会が設立されたことに象徴されるように、1990年代から大学経営人材としての職員の重要性が認識され、様々な観点での実践と研究が積み重ねられている(山本・野田・村上2005、篠田2009等)。大学経営人材としての役割を担う上では、計画立案能力などが不足しており、育成していく必要があること、経営参加などの機会を増やしていくことが必要であることなど、様々な点が指摘され、現場でも一部の動きかもしれないが、確実に変わりつつある印象を受けている。また、研究者だけでなく、職員自身による研究も行われるようになっている点も高く評価できる。もちろん課題はないわけではない。たとえば、職員の経営参加の一つとして、職員が理事になるケースも増えているが、大学の学長や理事長に、なぜもっと職員理事を増やさないのかと尋ねると、「増やしたいと思って打診したが、職員自身がまだ準備ができていないからと断わられてしまった」という話を聞くこともある。筆者は東京大学大学院の大学経営・政策コースで教鞭をとっている。多くの大学職員が仕事をしながら学びに来ており、優秀な方がとても多いのに、学ぶことに対する職場や上司の理解が低く、苦労しているケースを聞くことも少なくない。大学院で学んだことが職場で評価されるケースばかりでもないことは本当に残念である。筆者が課題を感じていることは、職員個人の成長や能力ばかりに関心があつまり職員の仕事内容や事務組織の見直しや再編が意外と進んでいないことである。法人化前後に東京大学で事務局長・理事を務めた上杉道世氏が作成した「事務職員等の人事・組織・業務の改善プラン」(2007年)では、従来の硬直的な組織では、職員が全体のこ

とを考えず、従来通りのやり方を守ろうとする意識を持ちがちで、その打開のためには職員個人の意識改革では不十分で、組織構造を変えることで変革しなければならないと主張した点に最も大きな特徴があった。まさにその通りで、職員の意識や能力の問題だけでなく、仕事の仕方、組織の作り方を変えていかない限り、運営の改善や経営人材としての活用・成長が十分に進まないが、意外と仕事や人員の割り振りなどは長年変わっていない。こうした課題はあり、それらについては別の機会で詳しく検討していきたいが、優秀な職員たちがどのように育ってきたのか（一般社団法人大学行政管理学会大学事務組織研究会編 2018）など、様々な観点でのアプローチが行われている点で教員出身管理職よりは議論が進んでいるといえるだろう。

　教職員以外の学外者が大学の経営の場面に参加することは多くある。非常勤で企業や政府との出身者が理事等になることもあるし、最終的に理事長や常務理事など、専任で大学経営にかかわるケースも私立大学では多い。学外者の経営参加というのは、戦後改革以来の大きな論点の一つであったが、近年になり、経営への参画は進んできている。卒業生を外部人材と呼ぶかどうかは判断が分かれるかもしれないが、私学では卒業生が理事などに多く入っている。学外者の経営参加の一つの転換点が 2004 年であった。国立大学では 2004 年の法人化を機に、外部理事が必置とされ、経営協議会も半数は学外者というルールになった。同年の私立学校法改正で、私学でも外部理事を 1 名置かなければならないという変更が加えられた。これらは法律で義務づけられているが、義務というだけではなく、副理事とか学長補佐など、様々な形で学外の人の意見を大学に取り込もうと努力されている大学も増えている印象を受けている。最近では、外部理事が、高等教育の無償化の機関要件という話で出てきている。（無償化でなぜ外部理事なのか、という疑問はあるが、ここでは触れない。）外部理事が増え、学外の眼を入れることのメリットは大きいが、外部理事を入れるだけで経営がよくなるという単純な話でもない。例えば、外部理事が名誉職のようになっており、実質的な貢献がよくわからないケース、大学とそれ以外の組織文化の違いが事前によく理解されていないことによって軋轢が生じ、時間がとられたりするケースも多いように感じ

ている。例えばアメリカの大学では、もともと学長以外の理事は学外者ばかりの集団なので、理事向けのマニュアルや研修も充実しているが、日本は学外出身の理事に対する研修・教育という発想自体がほとんどないようにみえる。ただ、日本でアメリカと同じようなマニュアルや研究を整備すればいいかというと、日米のガバナンスの違いがあり、それだけの問題でもない。アメリカの大学であれば、理事会で大きな方向性を決めて、それを具体的にやるのは学長を中心とする執行部であり、役割も組織も明確に分かれているが、日本では意思決定と執行がこのように組織的に分離されていない (両角 2010)。理事会の中に、学内事情を知り尽くした学部長理事のような学内理事と、学内事情や政策動向などをほとんど知らずに、年に何回かだけ参加する外部理事では、情報とか認識の格差の問題が大きく、外部理事を単に理事として入れるだけで、十分に役割を発揮せよ、という方が酷なのかもしれない。外部人材に対して何を求めるのかといったことを明確にした上で、日本の文脈にそくした一定の教育訓練が必要であるように思われる。教育訓練というのは、大学一般に関すること、例えば教員は命令では動かなくて、合意とか学内構成員をある程度納得させて動かしていくことが大事だということも含む。大学組織そのものの特徴に対する理解、その大学に対する理解、政策動向に関する理解などが少なくとも必要だが、それを理解したうえで、どこに課題があるのかということを、外部者が適格に把握するのは、大変なことであり、訓練の機会は必要である。ただ、意思決定と執行が未分離の状態のまま、学外者の意見を外部理事という形式以外にも、外部評価やアドバイザリーボードの設置などの形で、学外者から積極的に話を聞く機会をまず増やす方法もあるようにも思われる。以上簡単に述べたが、外部人材から大学経営人材になるルートについては、また別の視点で検討すべき問題が多々あり、本書では扱わない。

　教員出身の大学上級管理職に対する研究は必ずしもこれまで多く実施されてこなかった。この分野の先行研究は、各章でも検討を行っており、重複を避けるために、ここでは概説するにとどめる。海外の状況について (夏目 2013、高野 2013, 2018 など) は紹介・検討されてきたが、日本での実証的な研究

は必ずしも十分に行われてこなかった。大学の上級管理職を対象としたアンケート調査が近年、いくつか行われるようになり、様々な知見も明らかになりつつあるが、近年の権限強化による学長リーダーシップ論への批判という視点が強く、そうした改革が必ずしもうまくいっていないことを指摘するものが多い (たとえば、村山 2017、村澤 2017)。その視点には共感し、参考になるものの、日本の大学上級管理職がどのような仕事をしているのかといった基礎的な事実も十分に把握されていないし、どのように育成していけばよいのかといったより実践的な関心にこたえうるものではない。また、各大学が行っている改革内容や改革方針に対する学長等の考え方をインタビューしたものも多い (天野 1997, 2000、篠田 2017 など)。実践的な関心から、大学経営や高等教育を扱う雑誌 (リクルート『カレッジマネジメント』、『IDE 現代の高等教育』『Between』『大学マネジメント』等) でも多くの事例が紹介されており、参考になる論稿も多い。しかし、一定の研究枠組みに基づき、第三者が客観的に分析しているわけではない点に課題が残る。

　近年の政策の影響もあり、学長の権限は大きくなり、責任も一層重くなる中で、学長の影響力は確実に増してきた。その根拠はいくつかあるが、たとえば、広島大学高等教育研究開発センターが 2017 年 12 月に学部長を対象に行った調査によれば (図 0-1)、10 年前と比べて学長の意思決定への影響が高まったと国立では 9 割強、公立・私立では 7 割強が回答している。図表は示さないが、将来の影響力もさらに大きくなるとの回答が過半数である。しかしながら、東京大学大学経営・政策研究センターが行った調査によると、大学関係者の間では「学長を中心とする大学経営人材が育っていない」という見方が多い (図 0-2)。東京大学大学経営・政策研究センターが行った国際比較調査によると、大学経営に関する教育・研修を受けた管理職の割合は、アメリカでは 89%、イギリスでは 83%、ドイツ・オーストリアでは 73% で、欧米諸国では大学の管理職は大学経営に関する教育研修を受けてから就任するのが一般的である。しかし、日本では 53% にすぎず、研修の受講率も高くなく、受講しても大学団体などが主催する半日程度の研修がせいぜいで、内容も文部科学行政の解説や個別大学の事例発表などを聞くインプット型が

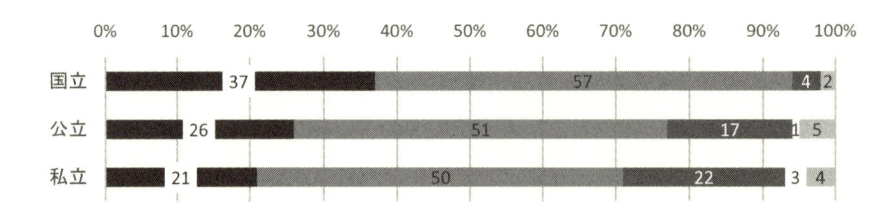

図 0-1　10 年前と比べた学長の意思決定への影響力

（出典）広島大学高等教育研究開発センター「大学への資源配分と教育研究活動に対する学部長調査」
　　（2017 年 12 月）

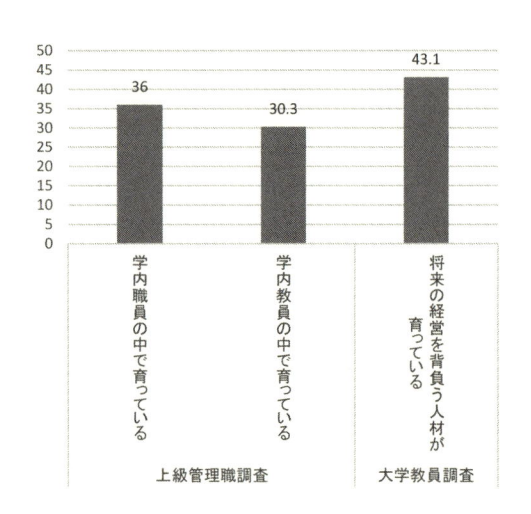

図 0-2　大学経営人材は育っているか

（出典）東京大学大学経営・政策研究センターの上級管理職調査（2015 年）と大学教員調査（2013 年）。詳
　　細は表 0-1 を参照のこと。

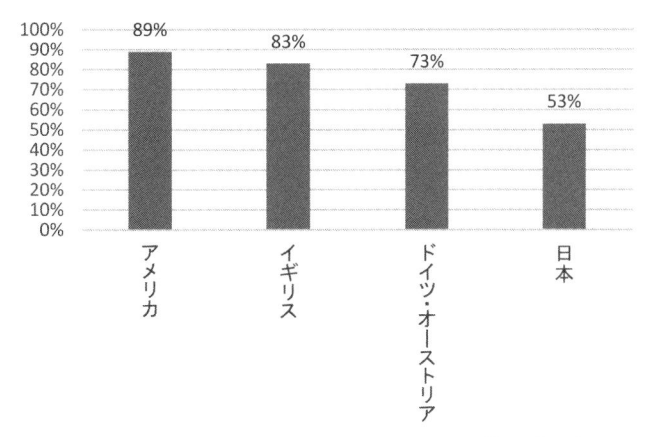

図 0-3　大学経営に関する教育・研修を受けた管理職の割合

(出典) 東京大学大学経営・政策研究センター「大学管理職国際比較調査」(2015 年)

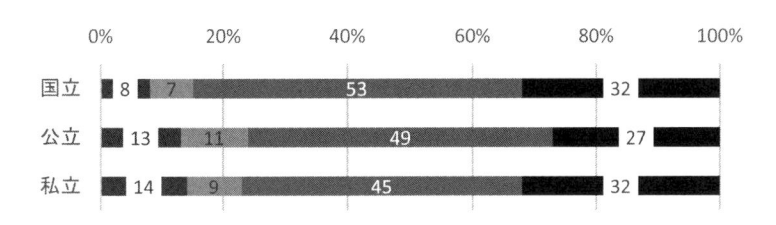

図 0-4　将来、学長や副学長に就任要請された場合の対応

(出典) 広島大学高等教育研究開発センター「大学への資源配分と教育研究活動に対する学部長調査」
　　(2017 年 12 月)

中心である。いわば経験頼みで大学を経営している管理職が多い状況にある
といえるが、それで対処できるほど大学経営は簡単な仕事ではなくなってい
る。そうした中で大きな権限と責任がトップばかりに押し付けられることで、
こうしたポジションにつくことを回避する傾向も一部にはみられるように感
じている。同様の調査が過去に行われていないので比較できないが、上述の
広島大学の学部長調査で、将来、学長や副学長に就任を要請された場合の対
応(**図 0-4**)をみると、「わからない(状況による)」が最も多く、ついで「断る」

が多い。前向きにであれ、やむを得ずであれ、受諾すると回答した学部長は、国立で 15%、公立で 24%、私立で 23% に過ぎない。学長をはじめとする上級管理職に高い期待を寄せるだけでなく、どのように育てていくのか、という発想が今や不可欠になっているのではないか。学長人材の育成は日本の大学全体の課題だという発想を行政も社会も大学界も共有し、継続的で組織的な実践につなげることが重要である。それがなくては、学長職は責任が重いだけの損な役回りとして忌避され、学長のリーダーシップに基づく大学改革という政策が砂上の楼閣になってしまうのではないか。以上のような問題意識の上に立ち、大学の上級管理職の仕事や育成についての研究、とりわけ教員出身者に焦点を当てた議論を本書で行うことにする。

3　アプローチの方法と本書の構成

　第一部では大学上級管理職の仕事の実態、研修の実態について主に扱い、第二部では学長を中心として、そのリーダーシップの実態やどのように育ってきたのか、また様々な経験や学習が学長としての仕事を行っていく上でどのように影響を与えているのかについて検討する。

　本研究では、学術的で、実証的な研究を基盤として、実践的な課題に挑むことを目指しており、上級管理職等を対象に行ったアンケート調査やインタビュー調査からアプローチしていく。具体的には 2 つの研究費によるプロジェクトの成果の一部といえる。ひとつは、2012-2016 年度文部科学省科学研究費補助金 基盤研究 (A)「大学における学術管理職と経営管理職の相互作用システムに関する国際比較研究 (研究代表者:川嶋太津夫)」で 2 つのアンケート調査を行い (表 0-1)、本書ではこれについて分析を行う。アンケートの内容やその単純集計は巻末に資料として掲載したので、適宜参照されたい。もうひとつは、この科研の後継版で現在も継続中である 2017-2021 年度文部科学省科学研究費補助金 基盤研究 (B)「大学の上級管理職養成のための基礎的研究とアクションリサーチ (研究代表者:両角亜希子)」で、学長 (学長経験者含む)や大学団体等に対するインタビュー調査等を実施している。大学団体等に対

表 0-1　本書で用いる 2 つのアンケート調査

調査名	正式名称・実施時期	回答者・回収率	本書で扱う章
大学教員調査	「大学における意思決定と運営に関する調査（教員編）」（2013 年）	1689 名 （回答率 42.2%）	第 4 章 第 5 章
上級管理職調査	「大学上級管理職の現状と将来展望に関する調査」（2015 年）	976 名 （回答率 24.4%）	第 2 章 第 6 章

するインタビューは第 1 章、学長等に対するインタビュー調査は第 7 章で用いた。

　このほか、科研の研究会では、欧米の大学管理職の研修の実態について、大学の管理職向けに書かれた本や大学団体等が発行しているマニュアル類を集めて検討を行ってきた。大学の経営人材の養成が最もすすんでいるのはアメリカである。アメリカの大学の学長がうまくいっているとは限らず、近年その仕事の困難さが増していることも指摘されている。ハーバード大学の元学長のボックは、理事会は傑出した指導者よりも適任の管理者を選びがちであること、教育・研究の場からかなり前に離れて、管理職として好条件を求めて大学を渡り歩いた人物は、予算の調整や大学の管理では手腕を発揮するが、教育・研究の質の向上でのビジョンや創造的アイディアに乏しいこと、彼らの多くは 6 年以下しかその大学におらず、長期的で忍耐強い努力が必要な重要な大学改革をひきおこす時間が持てず、高い SAT のスコアや寄付の増加といったありふれた短期的な目標を立てがちだと厳しい指摘をしている（ボック 2015）。それでもほかの国よりはうまくいっているとも言及しているし、大学経営人材の養成に力を入れてきたことは確かである。たとえば、The Jossey-Bass Academic Administrator's Guide、全米理事会協会（AGB）のマニュアル類などが多数刊行されている。私たちはそうした資料を収集して分析を行っているが、これまでの先行研究では日本では意外と紹介されてこなかった。学長になると多くの会議の進行をしなければならないが、そうした会議をいかに効果的にリードするのかだけを扱ったマニュアル本があるほどであり、すべてのマニュアルを紹介することはできないので、ここでは、一部の書籍について、第 3 章で検討することにした。日米ではガバナンスの仕組み

が異なり、アメリカの大学のマネジメントの仕組みで参考になる点もある一方で、そのまま取り入れることができない点も多いのだが、上級管理職のリーダーシップという観点からみると、学ぶべき点が多いため、簡単に紹介することにした[1]。

　本書は、全7章から構成される。第1章では大学上級管理職の仕事と研修の実態を、第2章では既存の研修の状況を扱っている。第3章ではアメリカのマニュアルの紹介と検討、第4章では教員の意思決定への参加と執行部に対する期待を扱う。第5章では教員調査から、教員がどのように管理職になるのかを、第6章では、学長の属性が経営にどのように影響を与えているのかを検討し、第7章では、優秀な学長たちがどのようにリーダーシップをとらえているのか、またどのように育ってきたのかを検討している。それぞれが独立した内容であり、読者は気になる章から読んでいってもらえればと思う。

注

1　リーダーシップとは「個人がそれを通じて意思決定に影響を与えようとする構造とプロセスのことである。言葉と行動によって、他者の信頼を得て、他者を動機付けて、一定の取り組みをさせる影響力を発揮することで、フォロワーシップとの関係で規定される概念である。影響力の源泉が、マネジメントでは職位や立場などで法的・手続き的に付与された人の任務であるのに対して、リーダーシップでは個人的誠意や専門性による点に違いがある」(両角 2018b)。

第1部　大学上級管理職のしごと・研修の実態

第1章　大学上級管理職の能力養成
――現状と将来展望

王帥・両角亜希子

1　問題の所在

　グローバル化の進展、18歳人口の減少、政府の財政緊縮といった大学を取り巻く環境は大きく変わっている一方、教育研究の卓越性の強化、イノベーションの創出、責任ある経営体制の構築のような大学内部の改革が求められている。この一連の改革や大学組織全体を牽引していく大学上級管理職の役割への期待が強まっている。経済界からも、グローバル化の進展等によって大学間競争が激化する今日においては、大学経営にも経営の専門家が必要であると言われている(経済同友会 2012)。制度面においても、2015年4月に学校教育法を改正して、教授会の権限を法的に制約し、学長補佐体制を充実させることで、学長リーダーシップを強化しようとしている。

　しかしながら、経営管理能力や人材養成の在り方を踏まえず、法令改正、補助金政策等による学長リーダーシップを一方的に強化して解決する問題なのであろうか。大学経営管理の仕組みは一般企業の組織と異なり、学問の自由と大学の自治を追求し、大学の使命と役割を果すために学術面と経営面の双方にわたる経営管理が必要となる。その役割を担う上級管理職の職務が極めて重大である一方、学術面に関わる学術管理職と経営面に関わる経営管理職の現状やあるべき姿についての研究は、見過ごされてきたテーマであった。学術管理職と経営管理職がどのような役割を担い、実際にどのような能力が

必要なのか、その能力がいかに養成されたのかが必ずしも明らかになっていない。そこで本章では学術管理職と経営管理職の両者の経営能力養成に着目し、質問紙調査（上級管理職調査）のデータを用いて上級管理職の経営能力養成の現状と将来展望を検討し、大学経営人材養成の在り方への提言を行う。

2　先行研究と課題設定

先行研究

　大学の多岐にわたる使命を実現するために、大学経営管理の在り方が重視され、大学経営人材の養成が必要となっている。国立大学は 2004 年の法人化以降に学長のリーダーシップの下で、大学自らガバナンス改革への取り組みが求められ、学長の役割が最も重要となっている。経営手腕をより重視するため、学長像も転換したと言われている（川嶋 2007）。国立大学財務・経営センターによる国立大学の学長を対象の 4 回にわたる機関運営に関するアンケート調査では、約 9 割の学長が自身の影響力を最も強いと感じ、意思決定への学長の影響力が強くなっていることが明らかになっている（水田　2015）。しかし、大学の戦略的経営を担う経営人材の育成に注目が集まる中、主な取り組みは事務職員を対象としたものであり、トップマネジメントや学術管理職に対する取り組みはほとんど見られず、学長や理事などの経営層に対する経営資質向上の機会はほとんど提供されていない（中島 2011）。教員調査の分析から、教員は上級管理職に高い期待を寄せているが、その仕事ぶりには必ずしも満足していないと示されており（両角 2014、本書第 4 章）、学長のようなトップマネジメント層の経営権限を強化するだけで、大学経営が必ずしもうまく行くとは限らない。むしろ大学上級管理職の現状と能力養成の実態を把握したうえで、能力育成の在り方を検討することが重要な課題となっている。

　しかしながら、上級管理職への関心が高まっており（本間 2015）、上級管理職を調査対象とする実態調査（国立大学財務・経営センター 2015; 私立高等教育研究所 2007; 副学長に焦点を当てた夏目 2013）も実施されているものの、意思決定の主体や権限の所在、経営の課題等の関心が強く、幅広く上級管理職の能力

育成に着目した研究はほとんどない。また、日本の上級管理職の人材育成を検討する際に、アメリカを中心に外国の事例も多く紹介されている（夏目 2013; 高野 2012,2018）。しかし、日本では大学管理職の外部労働市場は未発達であり、そのまま適用できない面も大きい。日本の大学特有のガバナンスシステムと組織文化の中で、上級管理職の経営能力をいかに高め、人材養成の在り方がどうあるべきかについて、先行研究では必ずしも明らかになっていない。

課題設定

　歴史的にも理念的にも、教員を中心とする大学の同僚制が重要な意味を持ってきているものの、大学の活動が多様化・複雑化し、財源も多元化するにつれ、非教員である行政職員の役割もその重要度を増している（山本他 2005）。1997 年に大学行政管理学会が作られたこともこうした背景にあった。学長などの学術管理職は、同僚の中から経験と業績に優れたものが選ばれて一定期間を務めてきたが、近年、急速に期待される役割が大きく、重要に変わりつつある。このような背景の中で本研究は学術管理職と経営管理職がそれぞれどのように大学経営管理に関わり、いかなる能力が必要と思われるのか、どのような人材養成の在り方が望まれているのかを明らかにすることを目的とする。

　具体的な課題は以下の三つを設定する。第一は、上級管理職が担当する業務の実態、及びその業務の実行に関わる能力の考察である。上級管理職が、大学の経営管理に関わる様々な事柄の決定にどの程度の影響を与えているのか。また、職務遂行のための基本的能力についてどのように思われているのか。これらの考察を通して、上級管理職の業務遂行に影響する経営管理能力の現状を把握する。第二は、現職までの経験、及び教育・研修実態の検討である。現在の役職までどのような経験を積んできたのか、業務遂行能力の養成に関連する教育・研修の実態がいかなるものか。これらの考察を通して、上級管理職の経営管理能力養成の実態を明確にする。第三は、経営人材養成の将来への展望である。人材養成のあるべき姿について上級管理職がどのよ

うに捉えているのかを把握し、職務内容や今までの経験などの違いによって、望まれる経営人材養成の在り方の相違を検討する。

使用データ

　分析に用いるデータは、2015 年 2 月に東京大学大学経営・政策研究センターが実施した「大学上級管理職の現状と将来展望に関する調査」（上級管理職調査）である。全国にわたる大学ごとの上級管理職（学長、理事長、副学長、理事と事務局長）の人数を把握する上で、その規模に応じて全国の大学の学長、理事長、副学長、理事と事務局長を対象に調査票を配布し、配布数は 4,082 名分で、976 名が回答した。回収率は 24.0% である。回答者の属性を**表** 1-1 に示した。調査回答者は、6 割が私立出身で、7 割強が 60 歳代以上で、9 割強が男性である。

　2015 年度学校基本調査によると、日本の大学のうち、国立大学が占める割合が 11.0%、公立大学が占める割合が 11.4%、私立大学が占める割合が 77.5% である。本調査は国公立の割合が日本全国の大学の分布より若干高いという偏りがあることに留意する必要がある。また、本研究で使われる調査データは回答者の自己申告によるものであり、他人による客観的な評価を加えて行ったものではないため、意識調査に留まることにも留意する必要がある。

表 1-1　回答者の属性

設置者	年齢	性別
国立（21.1%）	40 歳未満（0.2%）	男性（93.4%）
公立（17.0%）	40 歳代（1.7%）	女性（5.8%）
私立（61.9%）	50 歳代（21.2%）	
	60 歳代（55.3%）	
	70 歳以上（20.9%）	

3 担当業務の実態及び業務遂行の基本能力

上級管理職の属性

　まず、本章で用いる分類を説明する。問題関心を踏まえた上で、上級管理職を「学術管理職」と「経営管理職」に分けた後、さらにトップマネジメント層とそれ以外の層に分けた。つまり、**図1-1**のように「学術管理職（学長・総長）」、「学術管理職（学長・総長以外）」（副学長、修士か博士の学位を持つ理事、学部長・研究科長）、「経営管理職（理事長）」、「経営管理職（理事長以外）」（理事長、常任理事・非常勤理事及びアカデミックな学位を持っていない理事、事務局長）に区分した。このように担当業務（水平的）と組織階層（垂直的）の分類の細分化によって、上級管理職の現状を総合的に把握することができる。本稿はこの分類を持って分析していく。

　表1-2には大学の設置形態と管理職類型別に上級管理職の属性を示している。まず年齢の分布について、国立大学の場合には、学長・総長の79.2%が60歳代であり、20.8%が70歳代以上である。学長・総長以外の学術管理職の76.2%が60歳代以上であり、20.5%が50歳代以上となっている。理事長以外の経営管理職の80.0%が50歳代であり、14.3%が60歳代である。公立大学と私立大学の理事長の年齢については、70歳以上の割合（公立42.1%、私

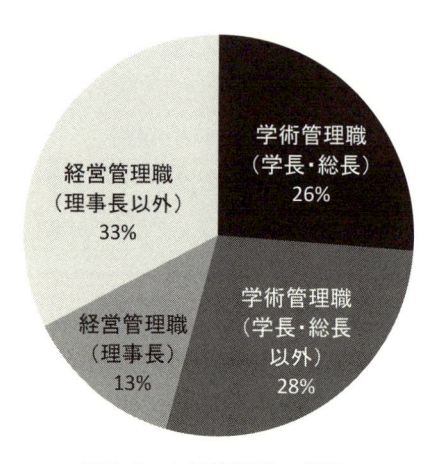

図1-1　上級管理職の分類

表1-2　上級管理職の属性

		N (計950)	年齢(%)					学位資格(%)		性別(%)		現在勤務大学での勤務年数(年)	現職に就くからの年数(年)
			40歳未満	40歳代	50歳代	60歳代	70歳以上	学術	非学術	男性	女性		
国立	学術管理職 学長・総長	48		0.0	0.0	79.2	20.8	100.0	0.0	97.9	2.1	31.0	4.5
	学長・総長以外	122		0.0	20.5	76.2	3.3	95.1	4.9	96.7	3.3	25.6	3.7
	経営管理職 理事長												
	理事長以外	36		5.7	80.0	14.3	0.0	5.6	94.4	100.0	0.0	4.1	3.1
	(計206)		***					***				***	**
公立	学術管理職 学長・総長	39			5.3	65.8	28.9	92.3	7.7	92.1	7.9	13.4	4.8
	学長・総長以外	43			34.9	55.8	9.3	95.3	4.7	95.3	4.7	17.8	3.7
	経営管理職 理事長	20			5.3	52.6	42.1	70.0	30.0	84.2	15.8	9.0	4.5
	理事長以外	58			43.6	50.9	5.5	8.6	91.4	100.0	0.0	3.3	3.3
	(計160)		***					***		*		***	**
私立	学術管理職 学長・総長	161	0.0	0.0	9.9	55.9	34.2	88.2	11.8	88.8	11.2	18.4	5.3
	学長・総長以外	102	1.0	4.9	24.5	49.0	20.6	89.2	10.8	88.1	11.9	18.0	5.5
	経営管理職 理事長	106	0.0	1.9	8.5	38.7	50.9	42.5	57.5	94.3	5.7	19.8	9.0
	理事長以外	215	0.5	2.8	25.6	59.1	12.1	19.1	80.9	97.2	2.8	19.9	5.5
	(計584)		***					***		**			***

***P<.001 **<.01 *P.05 +P<.1

立50.9%) が高く、年齢の高い層に偏っている。即ち、理事長、学長・総長、学長・総長以外の学術管理職、理事長以外の経営管理職という順に、年齢層が下がっていくことが分かる。理事長や学長・総長クラスは60歳代以上がほとんどである一方、理事長以外の経営管理職は50歳代以下に集中している。国公私立大学が同じような傾向を表している。

　次に学位資格については、修士号か博士号などのアカデミックな学位を持つ上級管理職 (以下「学術」と略称) と、アカデミックな学位を持たない上級管理職 (以下「非学術」と略称) に分けた。国立大学の場合には、学術管理職の9割以上が修士以上のアカデミックな学位を持っている一方、経営管理職がほとんど修士以上のアカデミックな学位を持っていない。公立大学と私立大学の場合は、修士以上のアカデミックな学位を持つ理事長が多いことを除けば、国立大学とほぼ同じ傾向を表している。

　性別については、国公私立のいずれも男性の上級管理職が圧倒的に多い。国立大学には女性の上級管理職がほとんどいない。公立大学には管理職類型

別によって女性の割合が変わっている。例えば、学長・総長の7.9%、理事長の15.8%が女性となっている。私立大学には、学術管理職のうち、女性の割合が1割程度であり、経営管理職の女性の割合が低い。

　現在勤務大学での勤務年数については、国立大学の場合には、学長・総長が平均31.0年、学長・総長以外の学術管理職が平均25.6年で、同じ大学での勤務年数が非常に長い。私立大学の場合には、どの管理職類型別においても平均勤務年数が20年前後となっている。また、公立大学の場合には、学術管理職の平均勤務年数が20年以下であり、経営管理職のほうが平均10年以下となっている。

　また、現職に就いてからの年数をみると、私立大学の理事長（9.0年）のほうが若干高いほか、ほとんど5年前後の勤務年数となった。国公私立の間に大きな違いが見られなかった。

　以上のような調査対象の属性を踏まえ、特徴を留意しながら分析していく。

意思決定への影響力

　上級管理職がどのような業務を担当しているのか、**表1-3**には様々な業務内容について因子分析を行い、三つの因子が得られた。一つ目の因子は、「教育活動の評価」、「研究活動の評価」、「新しい教育プログラムの決定」、「学内の優先領域、テーマの決定」、「教員の採用昇進やテニュアの決定」、「国際化の諸活動」のような教育面や研究面に関する業務内容が多いため、この因子を「教育・研究に関わる諸活動」要因と名付けた。二つ目の因子は、「人件費の方針、予算」、「人件費を除く、その他予算の方針、配分」、「組織人事戦略の策定」、「関係省庁や外部関係者との交渉」、「大学全体の主要管理職の人事」のような財務や人事面に関する業務内容がほとんどで、この因子を「財務・人事」因子と名付けた。三つ目の因子は、「大学全体の戦略策定」と「理念ビジョンの策定または改訂」のような大学全体の管理運営に関する内容であるため、この因子を「大学ビジョン・戦略の策定」因子と名付けた。

　管理職類型別に三つの因子の得点を**図1-2**に示した。それぞれの業務内容について統計的に有意な差を得た。まず、教育・研究に関わる諸活動に影響

表 1-3　業務内容の因子分析

	第1因子	第2因子	第3因子
	教育・研究に関わる諸活動	財務・人事	大学ビジョン・戦略の策定
教育活動の評価	0.88	0.04	0.12
研究活動の評価	0.83	0.09	0.15
新しい教育プログラムの決定	0.83	0.02	0.24
学内の優先的領域、テーマの決定	0.81	0.14	0.22
教員の採用昇進やテニュアの決定	0.66	0.30	0.12
学部学科の再編方針の決定	0.63	0.30	0.34
国際化の諸活動	0.62	0.23	0.33
人件費の方針、予算	-0.03	0.88	0.09
人件費を除く、その他予算の方針、配分	0.07	0.77	0.09
組織人事戦略の策定	0.26	0.69	0.25
関係省庁や外部関係者との交渉	0.16	0.57	0.21
大学全体の主要管理職の人事	0.35	0.55	0.34
大学全体の戦略策定	0.34	0.35	0.85
理念ビジョンの策定または改訂	0.39	0.32	0.68

因子抽出法：主因子法　回転法：Kaiser の正規化を伴うバリマックス法

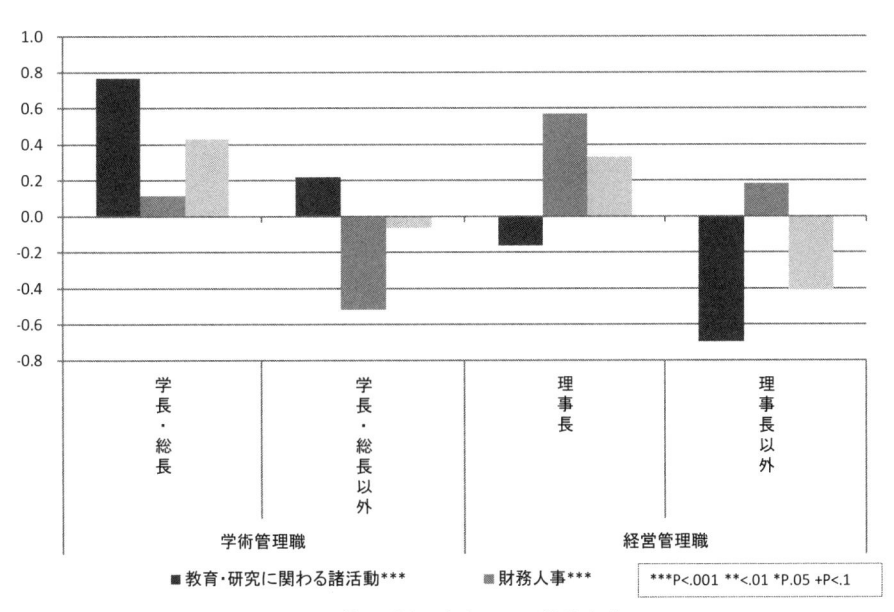

図 1-2　管理職類型別にみる業務内容

力があるのは、学術管理職である。そのうち、学長・総長の影響が最も大きい。次に、財務人事に影響力があるのは、経営管理職と学長・総長である。大学の経営面に及ぼす影響は、学術管理職より経営管理職のほうが大きいことが分かる。とくに理事長の影響力が最も高い。学長・総長も財務人事に影響を与えるが、理事長より若干影響力が小さい。また、大学ビジョン・戦略の策定に影響力があるのは、学長・総長と理事長である。学術管理職と経営管理職のトップマネジメント層が、大学全体の戦略策定や経営管理に最も影響が大きいことが調査から確認できる。いずれの業務内容に関しても、管理職類型別に分業されており、学術出身の管理職は教育・研究に関わる業務に従事し、非学術出身の管理職は経営面に関する業務に従事していることが分かる。上級管理職のそれぞれの専門性を活かしながら、業務に取り込んでいるが、その中でも学長・総長はすべての領域に影響力が大きい点にも特徴がある。

意思決定に必要な能力

　意思決定する際に必要な能力について因子分析を行い、三つの因子が得られた（**表1-4**）。一つ目の因子は、「事業、事務をやりぬく能力」、「組織やチームをリードする能力」、「関係者間の調整を行う能力」、「対外的な交渉を行う能力」、「ビジョン、戦略を創る能力」、「人にやる気を起こさせる能力」、「人的ネットワークを構築する能力」のようなあらゆる面においてリードし、高度な指導力と統率力が求められており、この因子を「リーダーシップ能力」因子と名付けた。二つ目の因子は、「顕著な学術的研究能力」、「顕著な社会的貢献能力」、「国際、多文化の環境で働く能力」、「大学の顔としての役割を担う能力」、「人格者であること」のような上級管理職本人の能力や個人の資質に関する因子であり、これを「個人資質能力」因子と名付けた。三つ目の因子は、「教職員、学生などの意見をくみ上げる能力」と「教職員、学生などに大学の方針を伝える能力」のような意思疎通やコミュニケーションに関する内容であるため、この因子を「コミュニケーション能力」因子と名付けた。

　管理職類型別に三つの因子得点を**図1-3**に示した。それぞれの業務内容について統計的に有意な差を得た。まず、リーダーシップ能力については、実

表1-4　業務に必要な能力の因子分析

| | 第1因子 | 第2因子 | 第3因子 |
	リーダーシップ能力	個人資質能力	コミュニケーション能力
事業、事務をやりぬく能力	0.77	0.16	0.19
組織やチームをリードする能力	0.76	0.24	0.21
関係者間の調整を行う能力	0.67	0.15	0.29
対外的な交渉を行う能力	0.66	0.25	0.13
ビジョン、戦略を創る能力	0.59	0.36	0.14
人にやる気を起こさせる能力	0.53	0.41	0.32
人的ネットワークを構築する能力	0.49	0.42	0.36
顕著な学術的研究能力	0.11	0.77	0.19
顕著な社会的貢献能力	0.26	0.73	0.18
国際、多文化の環境で働く能力	0.23	0.72	0.16
大学の顔としての役割を担う能力	0.40	0.61	0.21
人格者であること	0.37	0.46	0.28
教職員、学生などの意見をくみ上げる能力	0.28	0.30	0.82
教職員、学生などに大学の方針を伝える能力	0.45	0.33	0.56

因子抽出法：主因子法　回転法：Kaiser の正規化を伴うバリマックス法

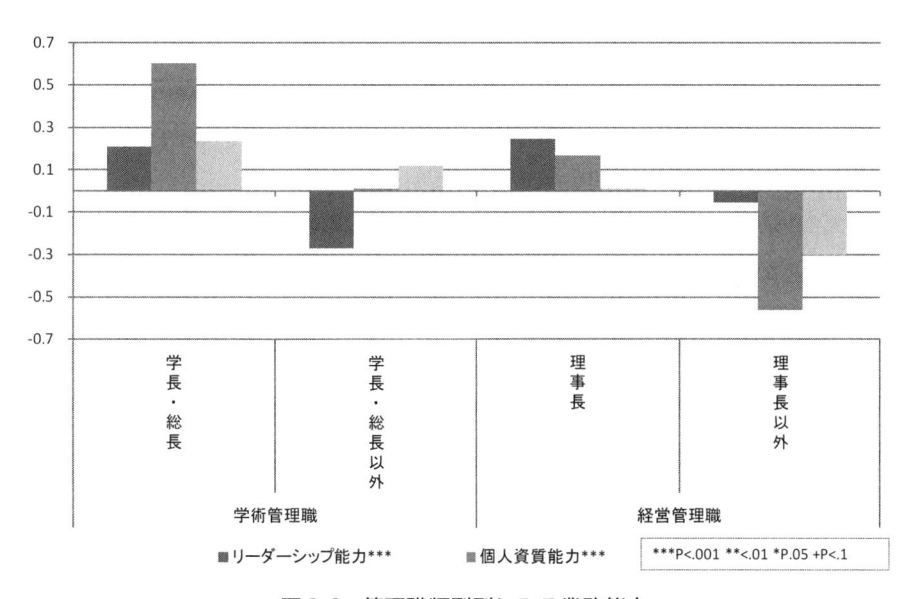

図1-3　管理職類型別にみる業務能力

際の意思決定の際に最も影響が大きいと回答を得ているのは、学長・総長と理事長である。両者が大学全体の経営管理に関する業務を行う上で、リーダーシップ能力が最も必要であることが分かる。次に、個人資質能力についても、学長・総長と理事長の得点が高い。特に、学長・総長の個人資質能力が他の管理職より高いだけでなく、三つの業務能力のうち最も得点が高い。即ち、学長・総長が大学経営の最高責任者であり、大学全体を統率するリーダーシップ能力が必要であるほか、本人の素質や威信、あるいは個人魅力のような個人資質能力も業務を行う上で欠かせないものであると考えられる。トップマネジメント層が業務を行う上で、総合的に高い能力が必要となっていることが分かる。また、コミュニケーション能力について実際の意思決定を行う際に有効であると回答を得たのは、学術管理職である。いずれの業務能力に関しても、管理職類型別に必要な能力が異なることが明らかになった。

4　現職までの経験及び教育・研修の実態

　上級管理職が現職までどのような経験を経て、どのような教育・研修を受けたのかについて考察していく。

現職までの経験

　現職までの経験を管理職類型別にみると、**図1-4** のように学術管理職と経営管理職の経験が異なることが分かる。学術管理職のうち、学長・総長の8割が大学内部のみの経験を持っており、それ以外の学術管理職も同じ傾向を表している。学術管理職の学外での経験が極めて少ないことが分かる。一方、経営管理職の場合は、半数以上の管理職が、なんらかの形で大学外部での管理職の経験を持っている。例えば、理事長のうち、大学外部での管理職経験を持つ管理職が50.8%（「大学内部と外部の管理職、両方経験」35.0% と「大学外部管理職のみ経験」15.8% の合計）を占め、理事長以外の経営管理職のうち、56.7%（「大学内部と外部の管理職、両方経験」31.9% と「大学外部管理職のみ経験」24.8% の合計）が大学外部の経験を持っている。

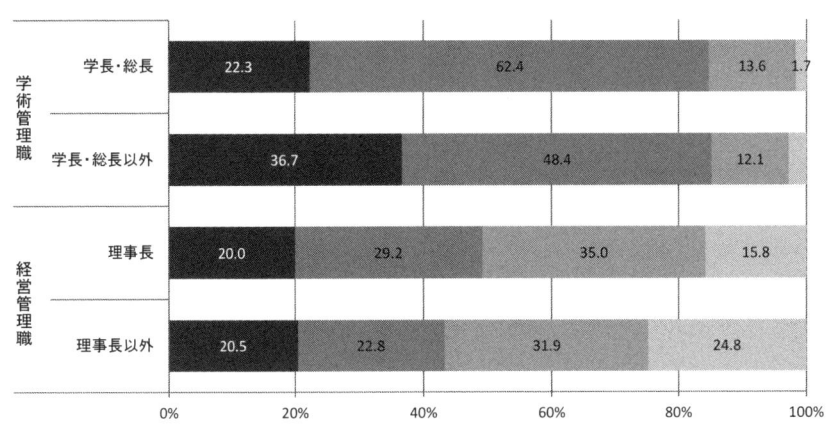

■大学内部－全学レベルの管理職か部局レベルの管理職、どちらか経験
■大学内部－全学レベルの管理職と部局レベルの管理職、両方経験
■大学内部と外部の管理職、両方経験
▨大学外部管理職のみ経験

図1-4　管理職類型別にみる現職までの経験

教育・研修の実態

　管理職類型別に管理運営の教育・研修を受けた経験の状況を見ると、**図 1-5** のように研修経験を持っていない上級管理職の割合が高い。研修を受けると言っても、大学院のような専門機関での研修ではなく、大学院レベル以外での研修が主流であることが分かる。また、経営管理職より学術管理職のほうが、研修を受けない割合が高い。特に、学長・総長の 58.5% で研修経験がなく、しかも学長・総長や理事長のようなトップマネジメント層ほど、研修を受けていない割合が高くなっている。トップマネジメント層には総合的な能力が求められている（図1-3）にもかかわらず、研修経験を持っていない。第 2 章でみるように、国立大学協会や私立学校振興・共済事業団のトップセミナーやリーダーズセミナー等の研修の機会は近年、急速に増えてきているにもかかわらず、想像していた以上に研修経験が少ないことがわかった。一方、理事長以外の経営管理職ほど、大学院レベルでの研修経験（4.2%）が少ないが、大学院レベル以外での研修経験を持つ者の割合（65.0%）が高い。理事

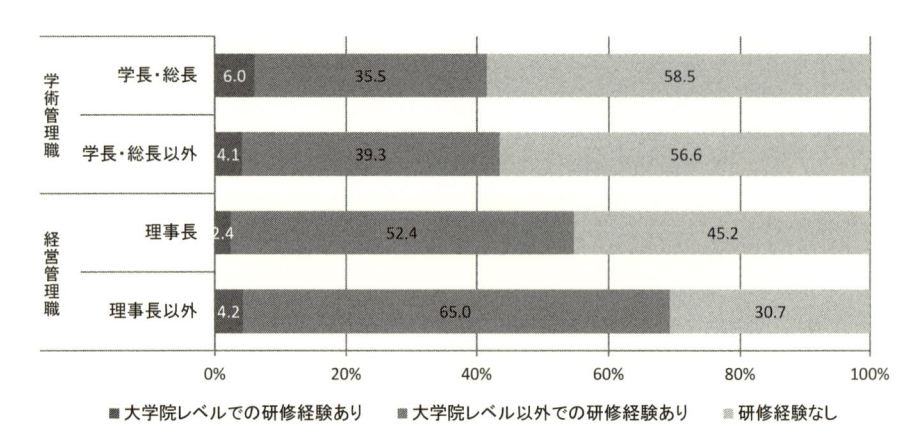

図1-5 管理職類型別にみる管理運営の教育・研究を受けた経験

長以外の経営管理職のうち、外部管理職の経験者が多いため（図1-4）、大学外部で何らかの形での研修を受ける可能性が高い。一方、学術管理職は、学内出身者が多く（図1-4）、研修機会も少なく、必要性も感じにくいのかもしれない。

経営人材養成の現状

図1-6は、学術管理職と経営管理職別に所属大学の経営人材養成の現状への評価をまとめたものである。「大学経営専門家が必要である」と回答したのは学術管理職と経営管理職が共に9割の回答を得ている。上級管理職の中で、管理運営に特化した人材養成及び職能開発のニーズが最も高い。また、自らの活動の評価として、自大学の「現在上級管理職の活動に満足」と回答したのは、学術管理職の場合には62.0%、経営管理職の場合には53.6%である。大学経営管理への満足度が比較的高いと見られる。一方、これらの項目と比べて、「人材が学内職員の中で育っている」と「人材が学内教員の中で育っている」と回答したのは、いずれも4割を下回っている。大学経営専門家のような人材養成のニーズが高いにもかかわらず、大学内部における人材養成への評価が低い。

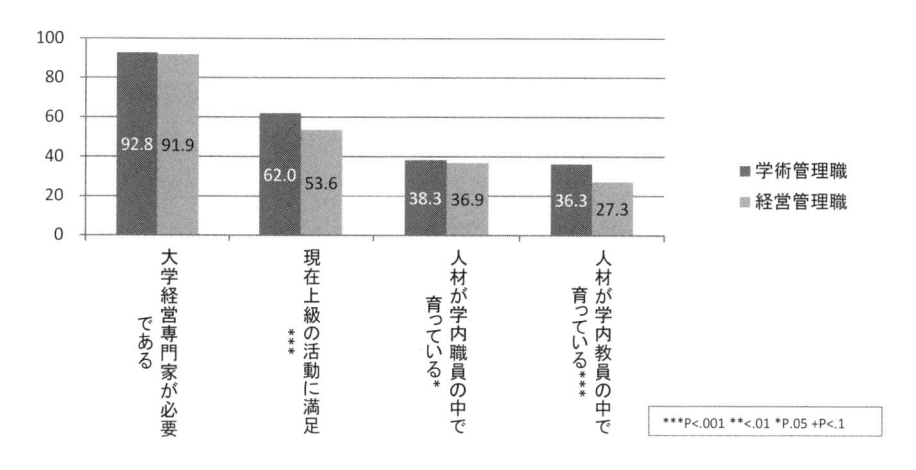

図1-6　人材養成の現状に関する評価 (%)

5　経営人材養成の将来への展望

　経営人材養成のあるべき姿について上級管理職がどのように捉えているの
か、**図**1-7 には学術管理職と経営管理職別に、人材養成の在り方に関する
項目への回答を示した。三つの項目についていずれも肯定的な回答(「大いに
そう思う」と「ある程度そう思う」の合計)の割合が高く、5 割以上を占めている。
「大いに思う」より「ある程度思う」と答えた割合が高い。また、学術管理職
の 11.4% は「専門機関が経営能力を教育すべき」の項目について「大いに思う」
と答えていることから、学術管理職のほうが経営管理に特化した訓練・教育
への期待が高いことが分かる。一方、経営管理職の 15.3% が「学術組織以外
でのマネジメント経験が必要」の項目について「大いに思う」と答えているこ
とから、経営管理職が学内での経験のほかに、学外での経験による能力の形
成を高く評価していることが分かる。

　経営人材養成に関する将来への展望は、どのような要因によって規定され
ているのか、職務内容や今までの経験などの違いによって、望まれる経営人
材養成の在り方が異なるのか。これらの課題を答えるために重回帰分析か
ら解析する。本稿で用いる主な独立変数は、大学組織の特性(学生数、設置形

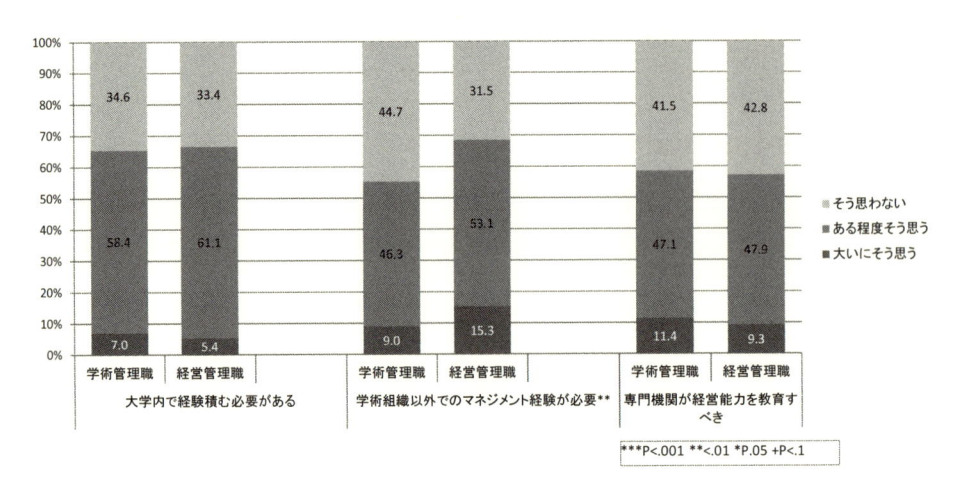

図1-7　人材養成に関する将来への展望

表1-5　使用する変数の説明

組織特性	学生数	「1000 人未満」＝ 1、「1000 〜 3000 人未満」＝ 2、「3000 〜 5000 人未満」＝ 3、「5000 〜 1 万人未満」＝ 4、「1 万人以上」＝ 5
	国立ダミー	国立大学＝ 1、公私立大学＝ 0
	公立ダミー	公立大学＝ 1、国私立大学＝ 0
	学術ダミー	修士あるいは修士以上のアカデミックな学位を持つ場合＝ 1、修士あるいは修士以上のアカデミックな学位を持っていない場合＝ 0
個人特性	現在勤務大学での勤務年数	勤務年数
	大学外部の管理職経験ダミー	大学以外の機関の管理職を経験した場合＝ 1、大学内部での管理職を経験した場合＝ 0
	研修を受けるダミー	管理・運営・マネジメントに関する教育研修を受けた＝ 1、管理・運営・マネジメントに関する教育研修は特に受けたことがない＝ 0.
業務内容	教育・研究に関わる諸活動	表3の因子分析により設定した第1因子得点
	財務人事	表3の因子分析により設定した第2因子得点
	大学ビジョン・戦略策定	表3の因子分析により設定した第3因子得点
業務に必要な能力	リーダーシップ能力	表4の因子分析により設定した第1因子得点
	個人資質能力	表4の因子分析により設定した第2因子得点
	コミュニケーション能力	表4の因子分析により設定した第3因子得点
大学評価	大学経営を背負っていく人材が学内で育っている	「全くそう思わない」＝ 1、「あまりそう思わない」＝ 2、「どちらとも言えない」＝ 3、「ある程度そう思う」＝ 4、「大いにそう思う」＝ 5
	現在上級管理職の活動に満足する	
	上級管理職内には「大学経営専門家」が必要である	

表 1-6　使用する変数の記述量

		有効度数	平均値	標準偏差	最小値	最大値
組織特性	学生数	850	2.566	1.337	1.000	5.000
	国立ダミー	850	0.211	0.408	0.000	1.000
	公立ダミー	850	0.170	0.376	0.000	1.000
	学術ダミー	850	0.608	0.489	0.000	1.000
個人特性	現在勤務大学での勤務年数	850	18.565	14.020	1.000	56.000
	大学外部の管理職経験ダミー	850	0.323	0.468	0.000	1.000
	研修を受けるダミー	850	0.485	0.500	0.000	1.000
業務内容	教育・研究に関わる諸活動	850	0.008	0.953	-2.319	1.902
	財務人事	850	0.022	0.916	-3.067	1.598
	大学ビジョン・戦略の策定	850	0.007	0.931	-4.141	2.654
業務に必要な能力	リーダーシップ能力	850	-0.007	0.912	-4.360	1.979
	個人資質能力	850	0.002	0.893	-2.533	2.290
	コミュニケーション能力	850	-0.003	0.883	-3.085	2.108
大学評価	大学経営を背負っていく人材が学内で育っている	850	6.067	1.634	2.000	10.000
	現在上級管理職の活動に満足する	850	3.492	0.876	1.000	5.000
	上級管理職内には「大学経営専門家」が必要である	850	3.987	0.830	1.000	5.000

態）、個人の特性（学位資格、勤務年数、現職までの業務経験と研修経験）、業務内容、業務に必要な能力及び大学評価に関する変数である。変数を**表 1-5** のように設定し、変数の記述量を**表 1-6** のように示す通りである。従属変数は、「大学上級管理職は、自分の大学内で経験を積むことで必要な知識や技能を身につける」、「大学上級管理職には、学術組織以外の組織でのマネジメント経験が必要である」と「専門機関が大学上級管理職のリーダーシップや経営能力について教育する」の3項目である。

　分析結果（**表 1-7**）をみると、まず、従属変数が「大学上級管理職は、自分の大学内で経験を積むことで必要な知識や技能を身につける」の場合には、学術管理職（+）、業務内容のうちの「財務人事」（+）、業務に必要な能力のうちの「リーダーシップ能力」（-）と「コミュニケーション能力」（+）、大学評価のうちの「大学経営を背負っていく人材が学内で育っている」（+）と「現在上級管理職の活動に満足する」（+）変数が統計的に有意な結果を得た。学術管

表1-7　大学経営・管理人材養成の在り方に関する規定要因分析（重回帰分析）

分類	変数	大学内での経験を積むことで、必要な知識や技能を身につける ベータ　***	学術組織以外の組織でのマネジメント経験が必要である ベータ　***	専門機関が大学上級管理職の経営管理能力について教育する ベータ　***
	（定数）	-0.001	-0.008	-0.069 +
	学生数			
組織特性	設置形態（基準＝私立）			
	国立	0.018	-0.112 **	0.034
	公立	-0.017	-0.066 +	0.019
	学位資格（基準＝非学術）			
	学術	0.081 +	-0.067	0.068 *
	現在勤務大学での勤務年数	-0.020	-0.041	0.082 *
個人特性	これまでの経験（基準＝大学内部の管理職経験）			
	大学外部の管理職経験	-0.026	0.019	-0.023
	これまで受けた研修（基準＝研修経験なし）			
	研修あり	0.032	0.055	0.055 +
	教育・研究に関わる諸活動	-0.040	-0.058	-0.072
業務内容	財務人事	0.115 **	0.096 *	0.018
	大学ビジョン・戦略の策定	-0.045	-0.015	-0.032
業務に必要な能力	リーダーシップ能力	-0.075 +	0.058	0.014
	個人資質能力	0.001	0.053	0.001
	コミュニケーション能力	0.063 +	-0.060 +	-0.040
大学評価	大学経営を担っていく人材が学内で育っている	0.164 ***	0.048	0.014
	現在上級管理職の活動に満足する	0.098 *	-0.107 **	-0.106 **
	上級管理職内には「大学経営専門家」が必要である	-0.004	0.278 ***	0.348 ***
	調整済み R2乗	0.061	0.147	0.148
	F値	4.445	10.166	10.199
	N	850	850	850

***P<.001 **P<.01 *P.05 +P<.1

注：従属変数は、1（全くそう思わない）〜5（大いにそう思う）の5段階である。

理職であるほど、学内での経験や能力の養成について今後も重視している。財務や人事の業務に関わるほど、大学内部の知識や経験の蓄積が必要だと感じている。また、意思決定をする際にリーダーシップ能力を発揮する管理職ほど、学内での経験を重視しない結果が出た。これはリーダーシップ能力を発揮するため、学内の経験だけでは難しいためだと見られる。一方、コミュニケーション能力が必要な大学であるほど、大学内部での経験を重視し、人材

育成や大学運営の現状に満足すればするほど、大学内部での経験を重視している。つまり、総合的かつ多様的な能力が要求されるリーダーにとっては、そのリーダーシップ能力を養成するためには、学内での経験による能力の育成が重視される一方、大学外部での経験や知識の積み重ねも重要であると見られる。一方、教職員などの意見をくみ上げたり、大学方針を伝えたりする際に必要なコミュニケーション能力は、大学の組織風土と特性を踏まえた上で、学内の交流と意思疎通を図るためには、学内での経験の積み重ねが重視されると考えられる。人材育成や大学運営の現状に満足すれば、現状を維持し、大学内部で経験を積んでいくことが望まれると考えられる。

　次に、従属変数が「大学上級管理職には、学術組織以外の組織でのマネジメント経験が必要である」の場合には、「国立」(-) と「公立」(-)、業務内容のうちの「財務人事」(+)、業務に必要な能力のうちの「コミュニケーション能力」(-)、大学評価のうちの「現在上級管理職の活動に満足する」(-) と「上級管理職内には大学経営専門家が必要である」(+) 変数が統計的に有意な結果を得た。国公立大学ほど、学術組織内部での経験を重視し、その外部でのマネジメント経験を消極的に捉えている。これに対して私立大学では、学術組織以外での経験を積極的に捉えている。また、財務や人事の業務に関わるほど、学術組織以外での経験を重視している。従属変数が「大学内で経験を積むことで必要な知識や技能を身につける」の分析から得られた結果とあわせて考えると、財務や人事のように専門性を有する業務を行う上で、大学内部の経験も大学外部の経験も重視されていると見られる。そして、コミュニケーション能力が必要であるほど、大学内部での経験を重視し、外部での経験について消極的である。また、上級管理職の活動に不満を持ち、経営専門家が必要であると答える管理職ほど、大学内部ではなく、大学外部でのマネジメント経験を重視している。

　最後に従属変数が「専門機関が大学上級管理職のリーダーシップや経営能力について教育する」の場合には、「学生数」(-)、学位資格のうちの「学術」(+)、現在大学での勤務年数(+)、「研修あり」(+)、大学評価のうちの「現在上級管理職の活動に満足する」(-) と「上級管理職内には大学経営専門家が必要であ

る」(+) 変数が統計的に有意な結果を得た。大規模大学ほど、専門機関での人材養成に対して消極的である。大規模大学では、研修の機会や様々な学内経験が多いからだと考えられる。勤務年数が長いほど、学術管理職ほど、専門機関での人材養成への関心が高い。研修を受ける管理職ほど、専門機関による経営人材養成への希望が高くなる。上級管理職の活動に不満を持ち、経営専門家が必要であると答える管理職ほど、専門機関での人材養成を期待している。

　以上の分析からわかるように、同僚制の強い日本の大学組織においては、大学内部での経験や知識が重視されている。学内固有の知識を得たり、学内の交流と連携を得ることが、学内の組織運営を円滑に進めるうえで重要な意味を持っているためだと考えられる。同時に多様化かつ激しく移り変わる外部環境の中で、経営管理職にしても学術管理職にしても、大学内部だけでなく、外部にも目を向けなければならない認識が強まっている。しかも、上級管理者に求める能力が多様化するにつれ、人材養成が一様化ではなく、能力の細分化により、人材養成のあり方も変わっている。例えば、コミュニケーション能力のような学内で交流する際に必要な能力については、大学内部での経験と必要知識の積み重ねが必要である一方、リーダーシップのような総合的な能力の養成については、大学内部だけでなく、外部も含めて様々な経験や研修による能力の習得が必要であることがわかった。また、研修を受けるほど、大学の経営に特化した専門機関での人材養成が望まれている。ただ、現在大学の上級管理職を対象とする研修の主流が講演会等の開催に止まっているが、今後、おそらく現在主流である短期研修だけではなく、ワークショップ型や、大学の経営に特化した専門機関での人材養成も必要になっていくと思われる。

6　まとめ

　本章では上級管理職の能力育成の現状及び将来への展望について考察した。得られた主な知見をまとめておきたい。

　上級管理職の業務内容については、大きく分けて学術管理職は教育研究面に関わる業務に従事し、経営管理職は経営面に関わる業務に従事している。大学ビジョン・戦略など大学全体に関する業務については、トップマネジメント層が大きな影響を与えている。また、これらの業務を遂行する上で、リーダーシップ能力、個人資質能力及びコミュニケーション能力のような総合的な能力が必要となっている。特にトップマネジメント層ほど、意思決定をする際に総合的な能力が求められていることが分かった。学長・総長の個人としての資質が非常に重要であることがわかった。

　現在、上級管理職の役割と学長のリーダーシップ能力の発揮がますます期待されるが、本稿で分析したように、トップマネジメント層に求められているのは総合的な能力である。政策的には、法律改正や学長裁量経費を配分することで、リーダーシップを強化しようとしているが、それだけでこうした能力が醸成されるわけではない。学外の状況を把握し、大学組織固有の風土やガバナンスの特徴を理解したうえで、ビジョンを示し、学内を牽引していかねばならない非常に難しい仕事である。これまでの上級管理職の能力は、ほとんど学内での経験のみによって養成されてきた。トップマネジメント層であるほど、研修経験を持っておらず、しかも、研修の内容もほとんど短期研修に止まっている。しかし、将来を担う経営人材については、育っていないという意識を持っており、今後は、学内での経験も重要だが、学外での経験や専門機関による人材養成への期待が高いことが明らかになった。今後の課題としては、上級管理職の属性について大学の設置形態別や大学規模別による更なる考察が必要となる。また、どのような学外経験や専門機関による人材養成が効果的なのかを明らかにすることが必要である。

第2章　大学上級管理職向け研修・教育プログラムの現状と課題

両角亜希子・小林武夫・塩田邦成・福井文威

1　はじめに

　18歳人口の減少、財政緊縮の中で、大学が社会的な期待に応えて、組織としての改革をリードしていく学長の役割が重要になっている。政策の中でも、幾度となく、学長のリーダーシップの必要性が叫ばれ、近年、その役割と権限の強化がはかられている。

　学長の役割に注目が集まるにつれて、大学経営者としての学長人材をどのように育成していくのかもまた重要な課題になりつつある。大学上級管理職の実態を比較検討した川嶋(2016)によると、大学経営に関する教育・研修を受けた管理職の割合は、アメリカでは89%、イギリスでは83%、ドイツ・オーストリアでは73%だが、日本は53%に過ぎない。学長人材は育つのか育てるのかについての議論もあるだろうが、優秀な学長が育つのを悠長に待っていられるような状況ではなく、育成という視点がさらに重要になっていくに違いない。育成という視点が十分にないままに、役割と権限ばかりが強化される状況になれば、損な役回りに就任するのをできるだけ避けたい風潮が強まってしまう可能性もある。

　大学の上級管理職育成という観点で、中心的な役割を担ってきたのはこれまで大学各種団体等で行われてきた研修事業であるが、これらに関する情報自体も十分に公開されておらず、その全体像さえもよくわかっていない。本

章では、こうした研究の現状を整理することで、今後の大学上級管理職養成の課題や可能性について論じることを目的とする。

2　先行研究の検討と本章の課題

　大学の上級管理職に関する研究をレビューすると、米国、英国など、大学経営人材の市場が確立している諸外国の状況を明らかにする研究が中心に行われてきた。こうした実態と研究が最も進んでいるのはアメリカで、大学院における養成プログラム（高野 2012）のほか、各種大学団体による研修プログラムが非常に充実している。吉永（2013）は、アメリカの上級管理職研修を調べ、学内の研修、地域レベルの研修、ACE、AASCU など全国レベルの研修、ハーバード大学の研修（HIHE）など、様々な主体が実施しているだけでなく、内容・レベル・目的など、非常に多様なプログラムがあると指摘している。未経験者には情報提供、初任者にはネットワーキング、経験者には事例共有や能力開発などを目的とした研修など、管理職の経験度合いによって、その内容や目的、実施方法も多様である。全米理事会協会（AGB）でも様々な研修があるほか、テーマ別、対象別のマニュアルも充実している。近年、イギリスにおいても、こうした研修が充実してきている（高野 2018）。主要なものを紹介すれば、高等教育リーダーシップ財団は 1999 年からトップマネジメントプログラムを開始し（秦 2003）、ロンドン大学の Institute of Education（IOE）は、2002 年に MBA in Higher Education という大学経営人材養成のための修士課程を設置した（吉田 2014）。いずれも大学内での一定の実績がある人物が参加しており、集中ワークショップ形式、ケーススタディ、コーチングなどが組み合わされ、勤務先大学の課題を取り上げて、その望ましい解決策を探っていくスタイルとなっている。

　これに対して、日本では、大学経営人材の育成は、20 年ほど前から職員の能力向上、経営参画といった観点から議論がなされ、事例報告も含めて実践と研究が蓄積されつつある。東京大学、桜美林大学、名古屋大学、広島大学などの大学院での養成プログラムも次々と設置されてきた。しかしながら、

こうした動きの中心は、比較的若手・中堅の職員である。将来のリーダーを育てるという意味合いがあるが、上級管理職自身が受講する例はあまり多くない[1]し、将来のリーダー候補の教員が自ら学びに来る例もきわめて限られている。欧米で行われている研修プログラムの内容と比較して、大きく内容が異なっているわけではないが、受講者層に大きな違いがあるのは、外部環境の違いによるところが大きい。アメリカでは学外出身の学長が多いが、学長選考委員会が、高等教育新聞（The Chronicle of Higher Education）の公募情報やサーチ会社などを用いて、候補者を選考できるのは、大学経営人材の外部市場が存在しているからである。アメリカやイギリスの大学経営人材は、大学経営の手腕で評価され、評価の高い学長は給与も高い。教員の給与を比べて、学長は約3倍、副学長は約2.2倍、学部長は2倍と言われる（吉永 2000）。アメリカの高等教育新聞では、毎年、州立大学・私立大学の学長の給与ランキングを発表している。例えば 2017 年の州立大学で最も給与が高かったのは、アリゾナ州立大学の Crow 学長で 1,551,058 ドル（日本円で約 1.8 億円）であった。Crow 学長は学際的な研究センターや教育プログラムを新没し、アリゾナ州立大学を最も革新的な大学へ導いたと高い評価がある学長ではあるが（Crow&Dabars2015）、この年は就任 10 年目のボーナス分 550,000 ドルがあったこともあり、州立大学で最も給与の高い学長になった。評価の高い学長の給与が高いことを示すわかりやすい例として紹介した。なお、同年の私立大学で最も給与が高かったのはウィルミントン大学の Varsalona 学長で、その給与はなんと 5,449,405 ドル（日本円で約 6.2 億円）であった。こうした経営人材としてのキャリアパスの確立度の違いが、上級管理職の研修・教育プログラムへの参加意欲・動機の違いに影響を与えている。

　こうした実態の違いにとどまらず、学長などアカデミック出身の上級管理職が現実の大学経営の場面で、きわめて大きな役割を果たしている現状にもかかわらず、そうした層を対象とした先行研究自体も必ずしも多くない。国立大学の学長属性の分析によって、学部長やセンター長等の学内管理職経験者が多いことが指摘されている（川嶋 2007, 2016）。日本の大学上級管理職の研修の実態をアンケート調査（上級管理職調査）から検討した第 1 章の知見を簡単に

まとめると、(1)学長・総長、理事長のようなトップ層ほど、副学長、理事などに比べても研修を受けていない割合が高く、特に学長・総長の59%は研修を受けた経験がないこと、(2)学長は、全学レベルと部局レベルの両方の管理職を経験したものが62%となっており、研修より様々な学内経験が重視されていること、(3)研修経験がある上級管理職ほど、専門教育機関での上級管理職の経営能力の教育の重要性をより認識していることが明らかになった。上級管理職調査では、教育・研修の内容について、大学院レベルの教育、外部機関による教育・研修、学内での教育・研修にわけて尋ねており、最も受講率が高いのは外部機関による教育・研修であった。現状においても、大学団体をはじめとして多くの研修が行われているのは周知の通りだが、そうした実態自体が十分に明らかにされてきたわけではない。そこで、本章では大学団体を中心とする外部機関による教育・研修の現状をまとめ、その特徴や今後の課題について整理することを目的とする。なお、東京大学、桜美林大学等の大学院プログラムは、大学経営を担うリーダー層の育成を一つの目的に掲げているが、そこに特化しているわけではないことからここでは扱わない。

3　データと方法

　様々な団体で研修は行われているが、ここでは大学団体(国立大学協会、公立大学協会、日本私立大学連盟、日本私立大学協会)、および、日本私立学校振興・共済事業団、政策研究大学院大学、東北大学、日本IBMが主催する天城学長会議を対象とすることにした。こうした諸団体での大学上級管理職向けの研修の実態を明らかにするために、まずは各大学団体のウェブサイトによる整理を行った。しかしながら、会員校へ直接に、研修の案内を出しているためか、ウェブサイトにほとんど情報が出ていない、あるいは更新がほとんどなされていない団体があること、開始年や実際の上級管理職の参加割合など、ウェブサイトのみでの情報収集には限界があることがわかってきた。そのため、電話やメールによるヒアリングも追加的に行い[2]、必要に応じて訪問インタビュー調査も行った[3]。天城学長会議については、事務局のウェブサイ

トはなく、詳細は非公表となっているが、参加した学長自身が発信している
ブログの情報(参加報告、感想など)が大変参考になった[4]。天城学長会議では
参加者にのみ報告書を作成、配布しているが[5]、過去14回分が国内の大学図
書館を通じて入手できたため、これもすべて目を通した。そのほか、研修の
実態をより明らかにするために、著者自身が実際に研修に参加したり、研修
に参加した経験のある学長や理事長に非公式な形で話を聞いたりと様々な形
での情報収集を行い、分析を行う視点を得るうえでは重要な役割を果たした。
そうした内容についても問題のない範囲で簡単に触れる。

　なお、大学上級管理職の定義については、第1章にならい、大学全体レベ
ルの業務を担う学部長より上位職位を指す(学部長が副学長以上を兼任している
場合は含む)と定義する。各団体ではここで扱った以外の研修も多数行われて
いるが、上級管理職以外を対象としたものは分析から除外した。

4　研修プログラムの概要──**研修内容・形態・参加者**

　以下では実施団体別に、現在行われている大学上級管理職向けの研修内容
について説明していくことにする。**表2-1**には、実施団体別に、研修プログ
ラム名、対象者、開催頻度、形態、研修内容、研修目的、参加規模、参加者
のうち上級管理職の割合について示した。参加規模、トップマネジメント層
の割合については、ウェブサイトでほとんど情報が取れず、各団体にヒアリ
ングを行い、それぞれの団体の判断で公表可能な形で示してもらったため、
記述の仕方がそれぞれに異なっている。また、研修目的については、各種団
体による自己判断のものと著者らによる判断によるものが混ざっているので、
参考程度にご覧いただきたい。また、**表2-2**には、近年の研修のテーマ例を
まとめた。

国立大学協会

　国立大学協会では、5つのプログラムを開催している。国立大学法人トッ
プセミナー、新任学長セミナー、大学マネジメントセミナー、国立大学法人

等担当理事連絡会議、新規理事・事務局長就任予定者研修会である。

　対象が学長で、実際に参加者全員が学長なのが、国立大学法人トップセミナー（毎年実施、2 日間）、新任学長セミナー（毎年実施、1 日間）である。トップセミナーは、たとえば 2015 年、2016 年の場合は、政財界を代表する講師に国立大学に対する期待を講演してもらい、国立大学の事例報告が 3 本続く構成になっている。2016 年の場合、産業界（東芝）、地方行政（三重県知事）の講演と、宇都宮大学、東京学芸大学、神戸大学の事例発表があった。1 泊 2 日で行われるので、夜には情報交換会も開催されている。新任学長セミナーは、就任して 1 年未満の学長が対象で、国立大学法人制度や国立大学法人をめぐる諸情勢について情報提供を行うとともに、学長経験者の講話を聞き、新任学長間の意見交換を行っている。

　副学長・理事を対象としているのが残りの 3 つである。大学マネジメントセミナー（毎年実施、1 日間）は、総務、財務、教育（学部、大学院）、研究、広報など、理事の担当（テーマ）別で、最近は 2 〜 3 つのセミナーが実施されている。講演、事例紹介、パネルディスカッションの組み合わせで実施されることが多い。この 3 年ほどのテーマを挙げれば、国立大学における IR 戦略、教育研究組織の改革〜社会的要請と大学改革〜、大学におけるリーダーシップ論、地方創生と大学、第 3 期中期目標期間に向けた国立大学法人の財務戦略、大学院教育と研究、大学のグローバル化―戦略と方策―、ブランド戦略の構築と実践となっている。この研修については、副学長以上の割合は、テーマにもよるが 2 〜 3 割となっている。担当理事連絡会議（毎年実施、半日）は、理事（代理出席も可）のみが参加するが、担当する分野の知識や情報を体系的に学び、理事相互の交流を図る目的で実施されている。2017 年は社会・地域連携及び産学連携研究の推進、2016 年は国立大学の財務基盤の強化策がテーマとなっているが、テーマごとの事例発表とグループ討議という形式で行われている。新規理事・事務局長就任予定者研修会（毎年実施、2 日間）は、新規に国立大学法人の理事・事務局長の役職への就任予定者を対象に、国立大学法人制度及び国立大学法人を巡る諸情勢を理解させ、さらに、経営的視点に立って管理運営に当たる資質を養成する目的で行われている。最

表2-1 各研修プログラムの概要

実施主体	研修名	対象者	頻度（毎年・隔年など）	形態（1日、合宿など）
国立大学協会	国立大学法人トップセミナー	国立大学法人・大学共同利用機関法人の長	毎年実施	2日間
	新任学長セミナー	就任して一年未満の国立大学学長	毎年実施	一日
	大学マネジメントセミナー	国立大学法人等の関係者（学長・機構長〜一般職員）	毎年実施	一日
	国立大学法人等担当理事連絡会議	国立大学法人等の理事	毎年実施	半日
	国立大学法人部課長級研修	国立大学法人等の部課長級・課長級職員	毎年実施	2日間
	新規理事・事務局長就任予定者研修会	新規理事・事務局長就任予定者	毎年実施	2日間
公立大学協会	定時総会	学長、事務局長等	毎年実施	一日
	公立大学学長会議	学長	年2回開催	2日間と1日
	地区協議会（6地区）	学長、事務局長等	毎年実施	1日（2日の場合も）
	部会	各部会構成校の学部長、教員	毎年実施	各部会で決定 1日（2日の場合も）
	副学長等協議会（全体会）	副学長をはじめとする大学運営役員等	毎年実施	一日
	公立大学事務局長等連絡協議会	事務局長をはじめとする大学運営役員等	毎年実施	一日
	副学長等協議会　課題別分科会（6テーマ）	それぞれの担当副学長、組織の長、担当者	毎年実施	一日
日本私立大学連盟	理事長会議	理事長、副理事長、理事、監事および大学経営において中心的立場にある教員、職員	毎年実施	1日
	学長会議	大学長。学長の代理として副学長に該当する役職者の参加も可。	年2回開催	1回目は1日。2回目は1泊2日。
	財務・人事担当理事者会議	財務・人事担当者会議登録者。登録者相当の知識、経験を有する者の代理参加可。	年2回開催	1泊2日
	教学担当理事者会議	教学担当理事者登録者。登録者相当の知識、経験を有する者の代理参加可。	年1回開催	1泊2日
	監事会議	監事	年1回開催	1泊2日
	アドミニストレーター養成／アドミニストレーター研修	・職員：管理・監督職であること ・教員：大学・学部の行政職あるいは補佐の立場 ・教員・職員共通：大学の推薦があること	年1プログラム実施（5回開催）	1泊2日が4回、2泊3日が1回
	ヒューマン・リソース・マネジメント研修	課長職以上の管理職職員	年1回開催	1泊2日
日本私立大学協会	事務局長相当者研修会	事務局長相当者、理事長・学長・理事、その他大学の管理運営責任者	毎年	3日間（合宿）
	私立大学経営・財務基盤強化に関する協議会	理事長・学長学長・事務局長、適任者	毎年	1日
	教育学術充実協議会	理事長・学長、適任者	毎年	1日
	私立大学経営問題協議会	理事長	毎年	1日
日本私立学校振興・共済事業団	私学リーダーズセミナー	理事長や学長等	毎年	大学編は一日、短大編は2日間
政策研究大学院大学	文部科学省「イノベーション経営人材育成システム構築事業」大学トップマネジメント研修	国立大学の現役または将来の経営人材（所属大学の学長の推薦を受けた者）が対象	毎年	（※7）国内プログラムと海外プログラム
東北大学	アカデミック・リーダー育成プログラム	大学等で教育研究マネジメントにかかわる教職員等	2年間の履修証明プログラム	集中セミナーと大学調査
日本IBM	天城学長会議	学長	毎年	2泊3日

（注）各団体のウェブサイト及び聞き取り調査から作成（以下同様）。
（※1）学長経験者の講話、（※2）学長・事務局長経験者、文科省、大学病院関係者の講話、（※3）公立大学学生大会を並行開催、
（※4）各地区の判断で教職員研修や設置団体との共同企画を行うことがある、（※5）各部会でプログラムを決定、（※6）個別法人分析会、外部有識者による専門家相談も同時開催、（※7）国内プログラム：3日間×年3〜4回、海外プログラム：海外研修（10日間）、海外の研究大学での短期研修（各3日間）、（※8）受講者各機関の改革案の提案・実施・報告。

研修内容					研修目的				参加規模	トップマネジメント層の割合
講演と質疑	事例発表	班別研修（討議）	情報交換会	その他	情報収集	ネットワーキング	事例共有	能力開発		
○	○				○	○	○		60 名程度	全員学長・機構長
○				（※1）	○	○			20 名程度	全員学長・機構長
○	○				○		○	○	平均 180 名程度	理事・副学長以上が 2~3 割程度
	○	○	○		○	○	○		50~80 名程度	全員理事・副学長
○	○	○	○		○	○		○	150 名程度	なし
○			○	（※2）	○	○		○	20 名程度	全員理事・副学長
○					○	○			180 人程度	学長、事務局長に限定
○			○	（※3）	○				80 人展度	学長に限定、別置型理事長も招待
	（○）		○	（※4）	○	○	○		40~50 人	学長、事務局長を原則、理事長も招待、設置団体職員も招待
○			○	（※5）					10 人 ~100 人（学部数による）	学部長、事務局
○	（○）		（○）		○				80 人 ~100 人	副学長、理事クラス
○	（○）				○				80 人程度	事務局長が原則
○	○	（○）	（○）		○	○	○		50~100 人	副学長、理事クラス事務局長の他、担当理事や管理職
○	○				○	○	○		62 法人 81 名 (2017)	割合は不明だが、参加対象はトップ層に限定
○	○				○	○	○		1 回目 =56 大学 61 名、2 回目 =60 大学 62 名 (2017)。	割合は不明だが、参加対象はトップ層に限定
○	○				○	○	○		63 法人 89 名 (2016)	割合は不明だが、参加対象はトップ層に限定
○	○				○	○	○		54 法人 61 名 (2016)	割合は不明だが、参加対象はトップ層に限定
○	○				○	○	○		62 法人 78 名 (2016)	割合は不明だが、参加対象はトップ層に限定
○（講義）		○			○	○	○	○	36 名 (2017 定員)	不明
○（講義）					○	○	○	○	48 名 (2017 定員)	不明
○	○	○	○		○	○	○		参加率は会員校の 55%、人数は 300 人程度	常務理事、専務理事等の理事 40%
○					○				参加率会員校の 55%、人数は 400 人程度	理事長 10%、学長 5%、事務局長 25%
○			○		○				参加率会員校の 55%、人数は 250 人程度	理事長 10%、学長 23%、副学長 13%、事務局長 10%
○	○		○		○	○	○		参加率会員校の 55%、人数は 250 人程度	理事長 25%、学長 8%、理事 10%
○			○	（※6）	○				大学編 79 法人、短大編 20 法人 (2016)	ほぼ 100% トップ層
○	○				○	○			24 名 (2016)	理事・副理事・副学長・学長補佐・学部長 19 名 (79%) (2016)
○	○		○	（※8）	○	○	○	○	定員 10 名、これまで 35 名が参加	ほとんどいない
○		○	○		○	○	○		50 名程度	学長がほぼ 100%

表 2-2　各研修プログラムのテーマ例

実施主体	研修名	テーマ例
国立大学協会	国立大学法人トップセミナー	国立大学改革に期待すること (2016)
	新任学長セミナー	国立大学の法人化とその後の経過を巡って (2017)
	大学マネジメントセミナー	国立大学の IR 戦略、教育研究組織の改革 (2016)
	国立大学法人等担当理事連絡会議	国際交流推進、地域連携 (2016)
	国立大学法人部課長級研修	国立大学法人をめぐる最近の情勢、学長が部課長に期待することなど (2017)
	新規理事・事務局長就任予定者研修会	国立大学法人の現状と課題、これから理事・事務局長になる方へのメッセージ等 (2017)
公立大学協会	定時総会	地方創生 午前に新任学長懇談会、新任事務局長懇談会を研修の位置づけで開催
	公立大学学長会議	認証評価のあり方、公立大学の将来構想
	地区協議会 (6 地区)	
	部会	各分野別の課題
	副学長等協議会 (全体会)	大学マネジメント
	公立大学事務局長等連絡協議会	
	副学長等協議会　課題別分科会 (6 テーマ)	6 回の分科会それぞれのに設定 (教育改革、入試、研究、地域貢献、財務、国際化)
日本私立大学連盟	理事長会議	「中長期計画運用サイクル」の策定・実践とガバナンス・マネジメント体制 (2017)
	学長会議	〈1 回目〉1. 大学の教育改革における画一性と独自性、2. 新しい時代における私立大学の果たすべき公共的役割、3. 生きる力を養う私立大学の教育の可能性 〈2 回目〉1. 大学におけるダイバーシティ・マネジメントの理念について、2. 多様な学生を受け入れるにあたっての環境整備と対策、3. 大学におけるダイバーシティ教育の実現に向けた取り組み (いずれも 2017)
	財務・人事担当理事者会議	〈1 回目〉私立大学における「働き方改革」実現のために〜正規・非正規のあり方と長時間労働の是正〜 〈2 回目〉震災に備える経営戦略〜大学の BCP (事業継続計画) と経済的な備えについて〜 (2017)
	教学担当理事者会議	大学教育の質保証再考—制度改革の実質化に向けて (2017)
	監事会議	監事のあり方と実践 (2017)
	アドミニストレーター養成／アドミニストレーター研修	〈目的〉アドミニストレーターに必要な素養の獲得講義 〈プログラム〉「グループワーク」「高等教育政策」「マーケティング」「財務」「組織・人材」「戦略・企画」「大学と法令」(2017)
	ヒューマン・リソース・マネジメント研修	〈目的〉非正規・中途採用など多様な人材の活用、人間関係のマネジメント、人材育成等。 〈プログラム〉講義「組織・人材マネジメント」(2017)
日本私立大学協会	事務局長相当者研修会	大学における組織マネジメント
	私立大学経営・財務基盤強化に関する協議会	平成 27 年度私学助成関係予算について
	教育学術充実協議会	高大接続改革再考
	私立大学経営問題協議会	地方活性化に向けた私立大学の役割と課題について
日本私立学校振興・共済事業団	私学リーダーズセミナー	大学編：①私立大学の運営課題、②教育改革の取り組みとリーダーの役割、③国立大学のガバナンス改革 短期大学編：①私立短期大学の運営課題、②財務分析と学校法人会計基準の解説、③短期大学に関する私学行政について、と事例報告 2 件
政策研究大学院大学	文部科学省「イノベーション経営人材育成システム構築事業」大学トップマネジメント研修	国内プログラム：大学の研究経営論、大学の財務会計論、大学のリーダーシップ、大学と寄付、地域イノベーションと大学の役割、知的財産権論、産学連携、国立大学の経営論、教育研究評価、科学技術政策論等 海外プログラム：シカゴ大学海外研修、シンガポール国立大学海外研修、カリフォルニア大学サンディエゴ校海外研修 (いずれも 2017)
東北大学	アカデミック・リーダー育成プログラム	2 年間に 4 度の集中セミナーと、国内大学調査 (1 年目)、海外大学調査 (2 年目) で構成。高等教育、マネジメントやリーダーシップについての講義はあるが、基本的に各自のテーマに基づいて学びが構成されている。
日本 IBM	天城学長会議	少子化を超えて—2040 年の世界と大学— (2017) 日本の大学のブレークスルーを +A1：C30 目指して—学位プログラムと教育研究組織を考える— (2016) 大学のアドミッションを考える—中教審答申を受けて— (2015)

近の例をみると、文部科学省による情勢説明の後、学長や理事（経験者含む）からのメッセージ、その後は理事としての役割と心構えに関する意見交換会、情報交換会という形で実施されている。なお、筆者（両角）は 2012 年より、国立大学協会事業実施委員会研修企画小委員会の専門委員で研修活動の企画等の一部に参加させてもらっており、いくつかの研修をオブザーバーとして実際にみてきた。担当理事連絡会議では午前中に講演や事例発表を聞き、午後からグループ討議をしているが、研修テーマについて、理事たちが自分の大学の状況や課題を述べて、それに対して熱心に議論する姿が印象的であった。

公立大学協会

　公立大学協会では、定時総会、公立大学学長会議、地区協議会（6 地区）、部会、副学長等協議会（全体会）、公立大学事務局長等連絡協議会、副学長等協議会課題別分科会（6 テーマ）と、地区別、テーマ別のものも含めて、7 つの研修プログラムがある。

　学長のみが対象となっているのが学長会議（年 2 回実施）で、午前が講演とパネルディスカッション、午後に分科会で議論して、全体討議という構成になっている。テーマとしては、認証評価のあり方、公立大学の将来構想が扱われた。最近は、公立大学学生大会と並行して開催している。

　副学長のみが対象なのが、副学長等協議会（全体会）と、6 つの分科会である（いずれも毎年実施、1 日間）。6 つの分科会は、教育改革、入試、研究、地域貢献、財務、国際化の課題別にわかれている。分科会にもよるが、講演、事例発表という形式で行われている。

　学長・事務局長を対象としているのが、定時総会（毎年実施、1 日間）と地区協議会（ブロック別懇談会）である。地区協議会では設置団体の職員を招くことがあり、地区によっては教職員研修、設置団体との合同企画を行う場合もある。公立大学の学長・事務局長と設置団体の担当課長等が一堂に会し、協議する重要な場になっているようである。公立大学らしい研修プログラムのあり方と言えるだろう。また、これ以外に事務局長のみを対象としている事

務局長等連絡協議会（毎年実施、1日間）もある。

　公立大学協会の研修でユニークなのは、各部会構成校の学部長、教員が参加する部会の存在である。公立大学は小規模校が多いため、いわゆるFDを合同で開催している意味合いもあると思われるが、他大学の学部長同士が出会う研修の場が設定されている例はあまり多くないという点で、特徴的である。

日本私立大学連盟

　日本私立大学連盟では、非常に多くの研修が行われているが、上級管理職向けという点では7つのプログラムがある。理事長会議、学長会議、財務・人事担当理事者会議、教学担当理事者会議、監事会議、アドミニストレーター養成／アドミニストレーター研修、ヒューマン・リソース・マネジメント研修である。

　理事長らを対象とした理事長会議（毎年実施、1日間）では、事例発表と討議の組み合わせで実施している。ガバナンスや中長期計画などがテーマとして扱われている。学長らを対象とした学長会議（毎年2回実施）では、教学上の課題を中心に、講演、事例発表と意見交換の組み合わせで行われている。財務・人事担当者会議（年2回実施、1泊2日）は、人材育成、労務、財務戦略、管理運営方法（事業会社等）が扱われ、講演と事例発表と討議という組み合わせで開催されることが多い。講演、事例発表では大学以外の講師招聘も多い。教学担当理事者会議（毎年開催、1泊2日）があり、中教審等での中心課題である、質保証、高大接続、3ポリシー、授業改善などがテーマとして扱われ、講演と事例発表、意見交換の組み合わせで実施されている。また、今回扱った中では唯一、監事を対象とした監事会議（毎年実施、1泊2日）では、もっぱら私立大学における監事監査のあり方が課題として扱われており、講演、事例発表、意見交換の組み合わせで実施されている。筆者（両角）は学長会議、教学担当理事者会議で講演をさせてもらう機会があったが、これらの会議の内容は担当の学長たちが議論して決定していることがわかった。ほかの大学団体と比べても、日本私立大学連盟での研修は、当事者たちが作り上げている度合いが高い印象を受けている。

　日本私立大学連盟の研修で特徴的なのはアドミニストレーター養成の研修である。ここでは触れていないが、入職 3 〜 6 年目対象のキャリア・ディベロップメント研修、30-40 歳を対象とした業務創造研修があり、それに次ぐプログラムとして、アドミニストレーターに必要な素養の獲得を目指したアドミニストレーター研修がある。1 泊 2 日で年 5 回（全プログラムの参加が申し込みの条件）、開催されており、職員だけが対象ではなく、教員役職者も対象としている（35-45 歳程度、実際の参加者数は不明）。テーマは 2017 年の場合、高等教育政策、大学のマーケティング、大学の財務、大学の組織・人材マネジメント、大学の戦略・企画、大学と法となっている。グループワークが 7 回あり、研修で得られた成果をふまえて、所属大学への改善提案を個人レポートとして作成するなど、ハードな研修内容となっている。

日本私立大学協会

　日本私立大学協会では、上級管理職が参加すると思われる研修プログラムが 4 つある。事務局長相当者研修会、私立大学経営・財務基盤強化に関する協議会、教育学術充実協議会、私立大学経営問題協議会である。

　事務局長担当者研修会は 3 日間の合宿形式だが、それ以外は 1 日間の開催である。2016 年度の場合、事務局長担当者研修会のテーマは「大学における組織マネジメント―私立大学の戦略的経営改革の推進について―」であり、講演 3 件（講演者は学校法人理事長、法律事務所、文部科学省）、事例発表（明星大学、福井工業大学）のほか、班別研修（2 日目午後、3 日目午前の 2 回）と、2 日目夜の情報交換会から構成されている。私立大学経営・財務強化に関する協議会は、高等教育政策の動向、学校法人運営の諸課題と学校法人会計基準改正の留意点、平成 27 年度私学助成関係予算、大学教育再生の戦略的推進、研究振興政策の動向、奨学金事業と留学支援事業の 6 件の講演から構成されているが、全員、文部科学省の講演者となっている。教育学術協議会は、高大接続改革再考をテーマとして、講演 3 件（講演者は、文部科学省、学校法人理事長、教育委員会教育長）と情報交換会から構成されている。私立大学経営問題協議会は、高等教育政策の諸動向についての文部科学省の講演のあと、地域活性

化 (地方共創) に向けた私立大学の役割をテーマとして、講演、事例発表があり、最後に私立大学のガバナンスについての文部科学省の講演があり、その後に情報交換会となっている。事務局長担当研修会を除くと、上級管理職向けの班別討論などはほとんど行われておらず、情報共有とネットワーキングの場としての機能が中心にあると思われる。また、私立大学協会の研修の場合、対象者を学長、副学長、理事などと必ずしも限定しておらず、大学の判断で適任者を出せばよい仕組みになっているのも他の団体とは異なる特徴となっている。日本の私立大学のガバナンスはその建学の理念や創設の経緯等を重視し、きわめて多様なものになっているが、その結果としてどの役職がどのような役割を担うのかが機関によって異なっており、役職を指定した研修が行いづらいのではないか。実際に、参加者に占める上級管理職の割合は、教育学術充実協議会で 56% と高めであるが、それ以外は 4 割程度である。このように参加者の背景が多様であることからも、講演、事例紹介といったインプット中心の研修になっているのではないかと考えられる。

日本私立学校振興・共済事業団

　2010 年 6 月の中教審大学分科会「中長期的な大学教育のあり方に関する第 4 次報告」で日本私立学校振興・共済事業団 (以下、私学事業団) の経営相談機能の充実の必要性が指摘され、それをうけて、私学事業団ではリーダーズセミナーを開始している。大学、短期大学に分けて実施しており、最新の講演テーマは、大学編：①私立大学の運営課題、②教育改革の取り組みとリーダーの役割、③国立大学のガバナンス改革、短期大学編：①私立短期大学の運営課題、②財務分析と学校法人会計基準の解説、③短期大学に関する私学行政について、と事例報告 2 件となっている。日本私立学校振興・共済事業団のセミナーで最も特徴的なのは、私学事業団による財務分析をもとにした個別経営相談会、専門家相談を同時開催していることである。少子化等の影響で、経営困難の問題に直面している私立大学が少なくないが、一般的な傾向やうまくいっている大学の事例報告だけでは参考にならないことも多い。そうした状況を踏まえて、個々のニーズに合った相談会とセットにしている点に特

徴があり、実際の参加者のほとんどは理事長、理事、学長などの経営陣である。

政策研究大学院大学

　政策研究大学院大学では、文部科学省「イノベーション経営人材育成システム構築事業」をうけて、大学トップマネジメント研修を実施している。対象は国立大学限定で、現役または将来の経営人材で学長の推薦を受けたものとなっている。実際に 2016 年の参加者 24 名のうち、上級管理職（学部長を含む）の割合は 79% となっている。

　国内プログラム（3 日間程度のプログラムを年 3 回から 4 回実施）と海外プログラムから構成される。海外プログラムには、カリフォルニア大学サンディエゴ校における海外研修（10 日間程度）、海外の研究大学のプロボスト・オフィス等における短期研修（各 3 日間程度、2016 年はシカゴ大学、シンガポール国立大学）がある。国内プログラムで扱うテーマは、大学の研究経営論、大学の財務会計論、大学のリーダーシップ、大学と寄付、地域イノベーションと大学の役割、知的財産権論、産学連携、国立大学の経営論、教育研究評価、科学技術政策論等などとなっており、大学経営の中でも特に研究マネジメントに重点をおいた内容になっている。大学経営が高度化する中で、各種団体でもテーマ別（理事の担当別）の研修が実施されているが、ある分野に特化した非常にインテンシブなプログラムという点で、他にはない特徴を持っている。こうしたプログラム以外にも、ネットワーク構築事業として、海外の大学トップマネジメント人材を招聘したシンポジウムなどの開催、メーリングリストによる海外大学経営事情に関する情報発信事業を実施している。

東北大学　アカデミック・リーダー育成プログラム（ＬＡＤ）

　東北大学大学教育支援センターでは、2011 年から「大学教育マネジメント人材育成プロラム」（EMLP）をはじめた。1 年ごとのプログラムの試行を経て、2013 年からは 2 年間での履修証明プログラムになり、2015 年から、「アカデミック・リーダー育成プログラム」に発展させ、よりマネジメント、リーダーシップに関する内容を充実させた。大きく 3 つの内容から構成される。第一

は、高等教育基礎、高等教育マネジメントやリーダーシップに関する講義で44時間、第二は、国内大学（1年目、複数大学から1大学選択）と海外大学（2年目、カナダ・クイーンズ大学）におけるフィールドワークで44時間、第三はアクションラーニングの50時間となっている。アクションラーニングでは、受講者が設定した所属機関の改革課題について、アドバイザー教員や他の受講生との対話・討論を通じて、2年をかけて改革案を作成・省察・実践を行う。改革案の提示のみならず、実践するところまでを求めている点がこのプログラムの特徴である。また、有職者が学びやすいように、2年間で4回の仙台での集中セミナー（夏・冬の各3日間）で行うと同時に、講義についてはインターネットで学習できる仕組みも整えている。以上の内容は、海外のプログラムに近く、それらを参考に設計されたと考えられる。

　2013-14年受講生の場合、10名定員のところ、約2倍の応募者の中から、8名を選抜して、教員4名、職員4名の構成となっている。国内の大学院プログラムと比べると教員の参加割合が高いのは、プログラムの名称によるところも大きいと思われる。アカデミック・リーダー育成を掲げているが、教員であれば准教授、職員であれば係長クラスが多い。上級管理職の参加は過去に1名、学部長として参加し、現在、副学長になった人物のみであり、この点は課題があるというが、非常によく考えられたプログラム内容となっている。

日本ＩＢＭ　天城学長会議

　日本IBMが1983年から社会貢献の一環で実施している学長会議である。静岡県伊豆市にあるIBMの研修施設「天城ホームステッド」が会場であるため、そこから名前を取り、天城学長会議という。7月下旬に、2泊3日の合宿方式で行っていること、設置者を超えて国公私立大学の学長が対象の会議という点で、きわめて特徴的である。代理出席は認めておらず、学長だけが参加できる。開催記録である過去の報告書をみると、講演、分科会に分かれた集団討議、その後の全体討議というスタイルでほぼ開催されている。分科会は4-5個になるが、それぞれのグループに国公私の学長がバランスよく、分けられる。合宿形式なので、夜はざっくばらんな情報交換会になる。その

大学から参加しているのは学長ただ一人ということもあり、気軽に意見交換ができるのではないかと思われる。調査時点で 35 回目、延べ 1550 名程度の学長が参加してきたという。

研修施設のキャパシティの限界もあるので、毎年、約 180 大学の学長に案内をだし、結果的に 50 大学前後の学長が参加している。学長は忙しいので、2 泊 3 日のすべてに参加できるとなるとだいたいこれくらいの参加者数になるという。最近のテーマは、少子化を超えて―2040 年の世界と大学―（2017）、日本の大学のブレークスルーを目指して―学位プログラムと教育研究組織を考える―（2016）、大学のアドミッションを考える―中教審答申を受けて―（2015）となっている。IBM はあくまでも事務局で、案内を出す学長を決定しているのも、テーマや会議内容を検討しているのも、8 名程度からなる世話人会の学長たちである。1983 年の第 1 回の発起人学長が、次の世話人を決めて、3-4 年任期でつとめ、その後も同じ形で引き継がれている。世話人達は年に数回集まり、設置者を超えたテーマを相談して決めている。設置者を超えた学長が集う唯一の教育プログラムであり、学長間の幅広いネットワークづくりに大きく寄与している。

5　研修プログラム開始年から見た趨勢

表 2-3 には、これまで見てきた研修プログラムの開始年についてまとめた。国立大学協会の研修については、2004 年の国立大学法人化を機に現在の研修体制に大きく変わったため、前後比較はできないが、それ以外の大学団体においては、もともとあった研修に加えて、大学の経営環境が厳しさを増してきた 2000 年以降に新しいプログラムが増えてきた傾向がある。

また、対象別の研修プログラムが発展・充実してきた傾向も確認できる。ひとつは、副学長・理事を対象としたプログラムの誕生である。国立大学協会の大学マネジメントセミナーは 2004 年、担当理事連絡会議は 2016 年、公立大学協会の副学長協議会の全体会は 2014 年、課題別の分科会は 2017 年に開始している。私立大学連盟は 2001 年に監事会議を開始している。

表2-3　各研修プログラムの開始年

開始年	実施主体					研修名
	国大協	公大協	私大連	私大協	その他	
1949年		○				定時総会
1956年				○		事務局長相当者研修会
1959年		○				公立大学事務局長等連絡協議会
1973年			○			学長会議
1977年			○			財務・人事担当理事者会議（※1）
1980年				○		教育学術充実協議会
1983年					○ (IBM)	天城学長会議
2000年		○				公立大学学長会議
2001年			○			教学担当理事者会議
			○			監事会議
2004年	○					大学マネジメントセミナー
	○					国立大学法人部課長級研修
2005年	○					国立大学法人トップセミナー
2006年				○		私立大学経営・財務基盤強化に関する協議会
2008年			○			理事長会議
				○		私立大学経営問題協議会
2009年	○					新規理事・事務局長就任予定者研修会
2010年					○ (私学事業団)	私学リーダーズセミナー
2011年					○ (東北大学)	アカデミック・リーダー育成プログラムLAD（当初は大学教育マネジメント人材育成プログラムEMLP）
2014年		○				副学長等協議会（全体会）
2015年	○					新任学長セミナー
2016年	○					国立大学法人等担当理事連絡会議
					○ (政研大)	「イノベーション経営人材育成システム構築事業」大学トップマネジメント研修
2017年		○				副学長等協議会　課題別分科会（6テーマ）

(注) 私大連の財務・人事担当理事者会議（※1）の開始年は不明だが、1977年に開催記録があるとのことで、1977年に開始とした。国大協の研修については、2004年の法人化後のみの記載。その他の研修については、開始年が不明であった。

　また、国立大学協会では、新任者向けの研修を最近になってはじめている（2009年に新規理事・事務局長向け、2015年に新任学長向け開始）。また、国立大学の研究担当副学長やその候補者を主なターゲットとした政策研究大学院大学のプログラムも2016年に開始されている。

　従来の研修では、講演、事例発表を聞くインプット型の内容が主流であった。現在もこうしたタイプの研修の役割は大きいが、それに加えて、班別討

議など、参加者自身が発言し、他の参加者と相互作用の中で学ぶアウトプットタイプの研修が増えている。典型例は、国立大学協会の担当理事連絡会議である。それ以前は、国立大学法人等理事研修会という名称で行われ、講演と事例発表など聞くタイプの研修を副学長向けに行っていたが、グループ討議などの形態で、自分たちの抱える問題を議論したいという声が各種研修の際に取るアンケートで多く寄せられるようになり、2016 年度から、「国立大学法人等担当理事連絡会議」が開始した。また、この表には掲載していないが、2018 年から国立大学協会では新たな学長向けの研修セミナーが開始された。2 泊 3 日の合宿方式で、講義とディスカッション形式で行われている。大学の経営環境が厳しさを増すと同時に、学長をはじめとする大学上級管理職に期待される役割が大きく、また専門的になっていることを背景として、研修プログラムが近年、充実してきていることが明らかになった。

6　研修の参加者と企画者の関係

最後に着目したのは、研修の参加者と企画者の関係で、ヒアリングをもとに表 2-4 にまとめた。これまでもみてきたように、研修・教育対象である大学上級管理職が、単に参加者として研修を「受ける側」としてのみ参加する形、講演や事例報告などで「より積極的に参加する形」から、自身が研修等を「企画し、作り上げていく形」と様々な関わり方がある。それぞれの研修の目的によって、参加者と企画者の関係性、コーディネーターの役割に違いがあるが、アウトプット型の実践的な研修をしていく上では、適切なコーディネーターが必要であるのは言うまでもないが、参加者と企画者の重なりが大きくなっていく特徴があるように思われる。また、こうした研修が発展し、より内容が充実していくための条件として、参加者が企画者側になっていくことが重要なのでないだろうか。

表2-4　研修・教育プログラムの参加者と企画者の関係

国大協	現職の学長・副学長と学識経験者からなる委員会でテーマ・講師等を議論。講師選定などで事務局も関与。
公大協	地区別研修以外は、基本的に協会側が提案。
私大連	会員校からの委員（学長会議なら学長）の委員会でテーマや講師を選定。講師選定などで事務局も関与。
私大協	会員校から出された委員による委員会が内容を企画するもの（事務局長相当者研修会、教育学術充実協議会）と、原案を協会側から提示したうえで会員校から出された委員会が決定するものがある。
私学事業団	私学事業団において内容等を決定。
政研大	運営チームのほかに、事業推進委員会が助言。大学の学長経験者、産業界、学識経験者で構成。
東北大	専任教員のほか、3名のLADアドバイザー（大学理事、副学長、名誉教授）が運営に深く関与。
天城学長会議	参加者である学長のうち、世話人学長が内容を企画。

7　日本の大学上級管理職研修の特徴と課題

　以上の分析から、日本の大学上級管理職向けの研修プログラムの特徴を、以下の四点にまとめられる。

　第一は、天城学長会議といった例外を除き、設置者別に分かれて研修が行われている点である。大学団体同士での情報交換もあまりなされておらず、それぞれが実施している研修内容も互いによく把握していない実態も今回の調査を通じて明らかになった。しかしながら、実際の研修テーマを具体的に見ていくと、基本的な知識、その時々の政策や経営の諸動向と事例共有が中心で、講演テーマ、講演者など共通の面も大きいこともわかった。

　第二は、講演型が主流だが、参加者同士がグループワークをするようなタイプの研修が増えつつある。とりわけ運営費交付金の削減など、近年になって、急速に大きな経営課題が突きつけられている国立大学において、そうした動きが最も顕著にみられた。

　第三は、対象について、新任者向けの研修、副学長・理事向けの研修の開始など、新たな需要をうけた研修対象・内容の拡大が確認される。ただ、私

立大学の場合はそうした動きは比較的少ない。副学長対象のプログラムも開始していないし、参加者資格があいまいな研修も多い。上述のように、私立大学での理事会と大学の関係、例えば、理事長と学長の兼任状況、常勤理事の役割などのガバナンスの多様性があり、役職ごとに求められる内容が国公立大学ほど画一的ではないことが影響を及ぼしていると考えられる。

　第四は、対象別のプログラムは広がりつつあるが、学部長を対象とした学外研修プログラムはほとんど存在していないことである。当然のことながら、このことは学部長の役割の重要性を否定するものではない。学部長の多くは選挙によって選出され、短い任期を終えたら、一般教員に戻る意識が強いので、こうした研修プログラムを受講しようというインセンティブが弱いためだと思われる。

　現在の大学上級管理職向け研修プログラムの課題は何か、将来の可能性としてどのようなことが考えられるのだろうか。

　これまでの趨勢を考えれば、対象別のよりきめ細やかなニーズに対応した研修の充実、アウトプット型の研修などが広がりを見せていくことが予想される。アウトプット型の教育・研修プログラムが求められるのは、単に知識を得るだけでなく、それを自分の大学にどのように参考にすればよいのか、多様な選択肢とその適切な活用を行うことが求められているからである。また、これまで設置者別にわかれて研修が多く行われてきたが、設置者を超えた研修が不可能だからではない。現実の問題に直面して、それに関する意見交換、情報収集が多いが、大学経営に関してより基本的な知識を体系的に学ぶ需要が育ちつつあるのだとすれば、設置者を超えた研修・教育の場の役割は大きくなっていくと考えられる。

　上級管理職向けの様々な教育・研修機会が広がりつつあるし、今回のヒアリング調査からもそれぞれの研修・教育プログラムに参加した者の満足度が高いこともわかっている[6]。しかし、それにもかかわらず、こうした機会を活用しない上級管理職が多いという現状をどのように考えるのかというのが、このテーマをめぐる最大の課題である。アメリカやイギリスと比べると、日本では、文部科学省の権限が強く、また細部にわたる統制が近年強まってき

たこともあり（両角 2019）、大学の自律性が十分に発揮されておらず、そのためなのか本質的な意味での戦略的経営が根付かず、それが大学経営人材の育成に大きな影響を与えている。大学上級管理職に必要な能力には、第 1 章でみたように、大きく「ビジョン・戦略を作る能力」と「関係者間の調整を行う能力」が重要であり、本質的により重要なのは前者のはずである。近年、改革の方向性が細部にわたり具体的に政策的に示される傾向が強まっていることに加えて、日本の大学では、役職者の流動性がほとんどなく、学内基盤への配慮が必要であるために、学内での調整能力への関心ばかりが強まる傾向もあるように思われる。真の意味での上級管理職を育成し、その役割の強化を目指していくのであれば、こうした環境自体に変革を求めていく必要もあるのではないだろうか。

　以上の点が本研究を通じて明らかになったが、残された研究上の課題も多い。こうした研修に熱心に人材を送る大学とそうでない大学があることはわかっているが、送り出す側の大学がどこまで意識的にこうした場を活用しているのか、管理職候補の教職員をどのように見極め、学内での経験、学外での研修の機会を捉えているのかといった点も明らかになっていない。さらにいえば、そもそも現在、大学の経営を担っている上級管理職は、大学経営をしていくうえで必要な知識や能力をどのような形で身につけてきたのか、どのような機会が必要なのか、などの基本的な要件さえも明らかになっていない。大学上級管理職をどのように育成していくのかを考えていく上で、こうした基本的な諸課題の解明は不可欠であり、上級管理職自身への詳細なインタビューを通じて明らかにしていく必要があり、第 6 章で扱う。

注

1　東京大学大学院教育学研究科の大学経営・政策コースの場合、200 名を超える修了生をすでに出しているが、入学当時に上級管理職だったのは、これまで数名程度である（理事 2 名、事務局長 1 名、学部長 1 名）。

2　国立大学協会、公立大学協会、日本私立大学連盟、日本私立大学協会、日本私立学校振興・共済事業団、政策研究大学院大学を対象。

3　国立大学協会木谷雅人常務理事（2017.6.29）、公立大学協会中田晃事務局長

（2017.8.29）、東北大学大学教育支援センター大森不二雄教授と杉本和弘教授（2018.2.1）、日本 IBM 天城学長会議事務局（2017.11.29）にインタビュー調査をそれぞれ 1 時間程度で実施した。

4　たとえば、以下のウェブサイト（2017 年 8 月 4 日現在）を参照した。

http://www.kyoto-u.ac.jp/static/ja/profile/intro/president/archive/040723.htm（京 都 大学・尾池和夫氏、第 22 回天城学長会議に出席して）

http://www.tohokugakuin.ac.jp/president/%E5%A4%A9%E5%9F%8E%E5%AD%A6%E9%95%B7%E4%BC%9A%E8%AD%B0%E3%81%AB%E5%8F%82%E5%8A%A0/（東北学院大学・松本宣郎氏、天城学長会議に参加）

https://www.tsuru.ac.jp/fs/5/1/5/0/_/20141119-112727-6902.pdf（都留文科大学・加藤祐三氏、学長ブログ 2011 〜 2014）

5　近年は PDF ファイルで作成・配布しているとのことで、入手できた最新の報告書は第 28 回（2010 年開催）のものであった。

6　学長などの上級管理職が対象の研修・教育プログラムを扱ったため、命令・指示によるものよりも、自らの意思で参加しているケースが多いことも影響していると思われる。

第3章　アメリカの大学の学部長・学科長のリーダーシップ
——サバイバルガイドの紹介

山岸直司

1　はじめに

　大学のマネジメントやガバナンスの改革に関して、近年の日本における政策提言では、学長をはじめとした大学執行部のリーダーシップ（以下，学長リーダーシップ）を強化する方向性が示されている[1]。これらの政策提言は、2014年に改正された学校教育法において教授会が意思決定機関ではなく学長に意見を諮問する機関であることが明確化されたことで、法律による制度化がなされたと言えよう。学長リーダーシップが注目され法的な裏付けがなされる一方で、学部・学科という日本の大学の基本構成単位（building blocks）におけるリーダーシップについてはあまり論じられていない。また、日本の学長リーダーシップ論ではアメリカの大学の状況がしばしば参考とされるが、学部・学科単位のリーダーシップを検討したアメリカの知見が日本で紹介されることも多くはない[2]。

　そこで本稿は、『カレッジ・アドミニストレーターのためのサバイバルガイド（*The College Administrator's Survival Guide*）』（Gunsalus, 2006）の概要を紹介し、同書から伺えるアメリカの大学の学科長（Department head/chair）や学部長（Dean）に必要とされるリーダーシップについて述べる。『カレッジ・アドミニストレーターのためのサバイバルガイド』（以下、『サバイバルガイド』）が扱うリーダーシップは主として学部・学科といった現場単位で発揮されることが期待さ

れるリーダーシップである。同書は、学科長や学部長を現場管理職 (front-line administrators) [3] と呼び、教職員の実質の所属単位である学部・学科等の部局の管理運営こそが機関全体の質に決定的な影響を及ぼすと述べて、現場管理職の重要性を指摘する。

　『サバイバルガイド』は、現場のリーダーである現場管理職が実際に遭遇するであろう困難とその対処法を具体的に描いており参考となる点が多い。同書にみられる現場感覚に富んだ具体性は、アンケート調査やインタビュー調査では達成することが難しく、アメリカの大学で参与観察の遂行が困難な日本人にとってはアメリカ人以上に有益であろう。

　本稿の構成を示す。本節に続く第 2 節では、大学におけるリーダーシップに関するアメリカの近年の論考を幾つか紹介する。第 3 節では『サバイバルガイド』の著者である Gunsalus のキャリアについて簡潔に言及する。第 4 節では『サバイバルガイド』の概要を現場管理職のためのリーダーシップを軸に提示する。第 5 節では同書の主要概念をマネジメント論とリーダーシップ論の視点で捉え、第 6 節で考察を示す。

2　アメリカにおける近年の研究の紹介

　大学におけるリーダーシップや管理運営に関するアメリカの研究は多いが、本節では、近年出版されたものの中から幾つか例を挙げて紹介する。まず、役職や立場に拘らず一般的に大学というコンテクストで有用なリーダーシップに関して論じた一群がある。例えば、*A Guide for Leaders in Higher Education*（Ruben, Lisi, & Gigliotti, 2017）は、大学で適用可能なリーダーシップの基本概念や関連の深い事象（ミッションなど）、そしてリーダーシップに関するスキルや能力を提示している。以下に、同書の章構成を示す。

第1章	高等教育におけるリーダーシップとリーダーシップ開発
第2章	高等教育の現状
第3章	大学のミッション
第4章	高等教育における多様なステークホルダー
第5章	大学の文化及び異なる文化間の緊張関係
第6章	変革への挑戦
第7章	リーダーシップとは何か
第8章	リーダーシップとコミュニケーションの関係性
第9章	コンピテンシーによるアプローチ
第10章	高等教育における公式・非公式リーダーシップ
第11章	より良きリーダーになるために
第12章	卓越性の構想と卓越性の達成
第13章	戦略的コミュニケーション
第14章	戦略計画
第15章	大学における変革のリーダーシップ
第16章	進捗確認、成果の測定、効果の評価
第17章	危機におけるリーダーシップ
第18章	組織の継続性と変革

　あるいは、*A Guide to Leadership and Management in Higher Education*（Fitch & Brunt, 2016）は、ヒューマニスティック・アプローチ、ナラティブ・アプローチ、ポジティブ心理学の視座から、多様な世代が協働する大学での有効なリーダーシップについて考察している。以下は、同書の章構成である。

第1章	人間関係の重要性
第2章	世代間における差異の検討
第3章	リーダーシップとマネジメントの相違
第4章	多様な世代の協働を如何にマネジメントするか：3つの心理学理論の適用
第5章	自己認識と他者を知る事の重要性
第6章	チームビルディングと専門的能力の開発
第7章	管理者としての立場
第8章	スタッフに関連する一般的な問題への対処
第9章	管理者に関連する一般的な問題への対処
第10章	リーダーシップに関する予期されない3つの問題

また、本稿でも後に言及するリーダーシップ研究の世界的権威である Kouzes と Posner も、*Academic Administrator's Guide to Exemplary Leadership*（Kouzes & Posner, 2003）において、大学において役職や立場を超えてリーダーとしての役割を果たすために必要な基本姿勢を提示している。同書の章構成は以下のようである。

第1章	リーダーシップとは人間関係である
第2章	人の模範となれ
第3章	ビジョンの共有によって動機付けよ
第4章	既存のプロセスを変革せよ
第5章	行動を起こすことを激励し支援せよ
第6章	やる気を鼓舞せよ
第7章	リーダーシップは全ての人のものである

上記においては、Fitch and Brunt（2016）と Kouzes and Posner（2003）が共に、大学でのリーダーシップを人間関係として論ずることから著作を始めていることが注目されよう。

他の例として、*Using Servant Leadership*（Letizia, 2018）は、サーバント・リーダーシップという特定のリーダーシップ・スタイルに基づいて、教授法、研究活動、ガバナンスと戦略策定、アカウンタビリティ、アセスメントといった大学での主要な活動を論じている。

一方、学長など特定の役職のリーダーシップについて論じたものもある。例えば、*Leading Colleges and Universities*（Trachtenberg, Kauvar, & Gee, Eds., 2018）や *On Being Presidential*（Pierce, 2012）は、学長に関して、理事会や大学教職員との関係、管理運営上の機能、予算や寄附金獲得における役割、そして学長職の意義や学長のリクルートなどについて述べている。

学長のリーダーシップに関する論考としては、5年間の研究プロジェクトをもとに著された *How Academic Leadership Works*（Birnbaum, 1992）が代表例と言えるだろう。同書によると、学長職における成功の鍵は、教員団からの支持である。仮に学長が、理事会／管理運営部門からの支持を保持していたとしても、教員団からの支持を失えば、学内は対立と混乱に陥り、結果的に理事会

／管理運営部門からの支持も失うことになるからである。教員団からの支持を形成する源泉を一言で言えば、学長による教員団へのコミットメント（献身さ）である。より具体的には、意思決定やガバナンスにおいて教員団を尊重することはもちろん、教員団との間で実質的なコミュニケーションの機会を頻繁に設けることである[4]。例えば、教員団が学長によって「十分に話を聴いてもらった」という実感を持てることが重要となる。

　対照的に、合理的で計画的な戦略や管理運営に基づいて改革の推進や課題の解決に注力する一方で、教員団へのコミットメントを疎かにし、結論ありきのコミュニケーションを常態化させてしまう学長は、改革を推進することも、課題解決を果たすこともできない（Birnbaum, 1992）。こうした学長は、指示的で上意下達的なリーダーシップ・スタイルをとる傾向にある。同書は、目的に対する合理性・計画性よりも人間関係がより重要であることを示唆している。また同書によれば、高等教育のリーダーシップは学長や執行部によって独占されるべきものではなく、構成員によって共有されるべきものである。なぜなら、ある場面のリーダーが異なる場面ではフォロワーとなるような状況が大学には存在し、それは効果的な大学運営にとって必要なことだからである。強力なリーダーシップよりも協調的で自律的なフォロワーシップによって大学はより効果的に運営されるのであり、大学における良きリーダーは同時に良きフォロワーでもあると述べている。

　学部長レベルのリーダーシップに関しては、例えば経営学部長について論じた *Dean's Perspective: Issues in Academic Leadership in Schools of Business*（Dhir, Ed., 2008＝2011）があげられる。同書は、理論の検討や実証研究の成果を提示するものではなく、30人を超える論者が、学部長の仕事、役割、そして成功の条件や教員のキャリア形成などについて個人的な経験を踏まえて自由に見解を示している。様々な視点が散見されるが、共通したメッセージとして、学部長は多岐に渡る職務で重責を担う一方で不十分な権限しか与えられないストレスの高い役職であること、そして学部の発展は学部の有する人的資源の質に多くを依存していること、の2点が読み取れる。

　同書はまた、The Association to Advance Collegiate Schools of Business

(AACSB)[5]が経営学部長を対象に行った調査に言及しており、それによると、経営学部長の一機関あたりの平均在職期間は概ね4年と推察される。経営学部長は、戦略策定、教員採用、予算管理、入学者募集、教育や研究の強化、ランキング対策など学部に関連する活動全般に重要な役割を果たす中で、その職務時間の1/3を対外資金の獲得と渉外活動に費やしていることが示されている。AACSBの調査によると、経営学部長にとって重要なことは、「チームでの目的達成を支援すること」、「戦略計画策定の促進」、「教員能力の向上」であり、経営学部長として重要なスキルは圧倒的に「忍耐」、次に「コミュニケーション」である。そして、経営学部長が教員に対してとる最良の姿勢は、管理することではなく「相談に乗る」ことであるという。また、複数の大学で20年を超える経営学部長経験を有するWilliamsは、同書において、多くの経営学部長が学科長や副学部長を前職としているなかで、大学外部の者が経営学部長になる場合は、大学文化を尊重することが成功への必須条件であると指摘している。Williamsによると、成功する経営学部長は、情熱を持ち、権限移譲を実行し、失敗のリスクをとる積極性を有し、忍耐力を持ち合わせる必要がある。加えて、組織のメンバーから信用を獲得することは成功への鍵であるとも述べる。

　次に、管理運営の視点から大学の組織としての特徴を論じた研究をみてみよう。まずは、この分野において今となっては古典と言ってもよい *How Colleges Work* (Birnbaum, 1988) が例として挙げられる。加えて、*Understanding College and University Organization* (Volume I) (Bess & Dee, 2012) は、代表的な組織論の解説とその大学への適用について、同名の書籍の Volume II と合わせて詳細に論じた大著である。*Organizational Theory in Higher Education* (Manning, 2018) も同じ趣旨で著されたものであるが、Bess と Dee による著作よりもコンパクトにまとまっている。そして前掲の On Being Presidential と同著者による *Governance Reconsidered* (Pierce, 2014) は、大学の伝統的な管理運営方式である共同統治 (shared governance) の今日における危機と将来の展望を、厳しい制約下の予算や新しい教育技術との関係において、また学長・理事会・教員との関係において論じている。これら管理運営に関する研究でもリーダーシップの検

討がなされており、アメリカの高等教育研究においてリーダーシップに関する知見の蓄積が豊富でかつ多様であることが示唆される。

3　著者の人物像

Gunsalus のキャリアを紹介する理由は 2 つある。ひとつは、彼女が『サバイバルガイド』で大学管理職に関する見解を示すことについて一定のクレディビリティーをおけることが分かるからである。加えて、彼女のキャリアそのものが、アメリカにおいて大学管理職を対象としたトレーニングが発達していることを示唆するからである。

Gunsalus はアメリカの州立大学であるイリノイ大学アーバナ・シャンペーン校 (The University of Illinois at Urbana–Champaign:UIUC) に所属する研究者兼アドミニストレーターである。UIUC は、例えばカリフォルニア大学システムにおけるバークレー校と同様、イリノイ大学システムの旗艦校 (Flagship University) の地位にある有力な研究大学である。2019 年の代表的な大学ランキングをみると、UIUC は、THE による World University Ranking で 50 位[6]、U.S. News & World Report の Best Colleges で全米 46 位[7] (National Universities のカテゴリ) の位置にある[8]。

UIUC のホームページ[9]を参考に同校の概要を示す。設立は 1867 年。15 のカレッジやスクールで構成され、150 を超える学士課程プログラムと 100 以上の大学院プログラムを提供する。47,000 人強の学生が学ぶ大規模大学で、卒業生には 11 名のノーベル賞受賞者と 18 名のピューリッツァー賞受賞者を含む[10]。UIUC には 110 ヵ国以上から 12,000 人を超える留学生が在籍しており、単純計算で約 4 人に 1 人が留学生という国際的なキャンパスである。教職員に目を移すと、FTE 換算で 2,765 人の教員と 8,209 人の職員を抱える。職員の内 4,077 人がアドミニストレーター／プロフェッショナル職員 (administrative and academic professional) であり、4,132 人が支援職員 (support staff) である。

続いて Gunsalus 個人のキャリアを見てみよう[11]。Gunsalus は UIUC においてアカデミックとアドミニストレーションの 2 つの領域でキャリアを築いて

きた。まずはアカデミックな領域でのキャリアである。彼女の研究上の専門分野は、リーダーシップ、ネゴシエーション、コミュニケーション、倫理などであり、これまで UIUC の法律、医学、ビジネスの各カレッジで教鞭をとった経験を有する。またビジネス・カレッジの名誉教授でもある。現在は、UIUC の National Center for Professional and Research Ethics のディレクター及び Coordinated Science Laboratory の特任研究教授（Research Professor）の任にある。

　そして Gunsalus には、UIUC のアドミニストレーターとして 20 年に渡るキャリアがある。彼女は、副学部長（Associate Dean）やプロボスト補佐（Associate Provost）、副総長補佐（Associate Vice Chancellor）などを歴任した。また、イリノイ州の弁護士資格を有する Gunsalus は大学法務部（Office of University Counsel）にも籍を置いた。こうした過程で彼女は、UIUC における組織改編、コンプライアンス・システムの導入、教学関連政策の策定などに携わり、さらには研究不正や各種ハラスメントといった様々な問題を解決へと導いてきた。

　また Gunsalus は、人材育成面で UIUC に大きく寄与してきたと言える。彼女は、主に学科長や学部長を対象として、新任研修をはじめとした様々なトレーニング・プログラムを担ってきた。そして UIUC での経験をいかし、現在は、C. K. Gunsalus and Associates を率いて人事やガバナンス等に関するコンサルティングを全米の大学に提供してもいる。Gunsalus がこれまでに支援した現場管理職は数千に及ぶ。

　上記から示唆される事柄を述べる。まず、Gunsalus が UIUC というアメリカの大規模な有力研究大学において教員としての地歩を固めた点を考えてみよう。熾烈な競争が繰り広げられるアメリカの有力な研究大学で教授団（Faculty）の中に確固とした地位を築いたのであるから、Gunsalus は研究者としても一流とみなすことができる。Gunsalus は大学の教員文化や研究者マインドを熟知していることが示唆される。

　次に Gunsalus がアドミニストレーターとして成功した点である。一般的に大学、特に有力研究大学では、機関の競争力の源泉となる教員の権威・権限が尊重される。大学管理職という立場に立った Gunsalus に求められたのは、大学教員という有能ではあるが権威・権限の点でも影響力のある人材をマネ

ジメントしリードすることである。そして Gunsalus がその期待に十分応え
たことを彼女のキャリアは示唆している。加えて Gunsalus は、自身が大学
管理職として成功しただけでなく、管理職のためのトレーナーとしても豊富
な経験を有している。

　大学という組織の特質のひとつは、管理部門と教員部門という異なる文化・
様式を持った2つの権威が併存していることである[12]。上に見た Gunsalus の
キャリアは、彼女がこれら2つの文化に精通し、管理職と教員という異なる
視点から大学で発生する問題を理解して語ることができ、かつそれぞれにお
いて成功を収めるために必要な知見と経験を持ち合わせていることを示唆す
る。従って、彼女が『サバイバルガイド』において大学管理職のためのリーダー
シップを説くことには、一定のクレディビリティーがあると言えよう。

　アメリカには、アドミニストレーターのための教育訓練プログラムを提供
している大学があり、これらのプログラムは学位レベルから短期セミナー
まで多岐にわたる[13]。つまり、アメリカでは、アドミニストレーターを対
象とする教育訓練のための市場が形成され発達しているということである。
Gunsalus が C. K. Gunsalus and Associates を率いて全米の大学の現場管理職を
対象としたトレーニングを実施してきたことも、こうしたコンテクストの中
にあると言えよう。他方、Gunsalus が、所属する UIUC の現場管理職に対し
てトレーニング・プログラムを提供する責務を果たしてきたという点は、ア
メリカの大学が外部人材の登用だけでなく内部人材の育成にも力を入れてい
ることを示唆している[14]。

4　『サバイバルガイド』の概要

　本節では、『サバイバルガイド』の要点と、同書が提示する現場管理職に
必要とされるリーダーシップの中心概念を提示する。この節の出典は全体を
通じて『サバイバルガイド』であるため、いちいち出典を示さない。

『サバイバルガイド』の要点

　『サバイバルガイド』の目的は、現場管理職が職務を遂行するにあたって必須となる知識・スキルを提示することにある。同書では、このような知識・スキルを「予防型リーダーシップ（preventive leadership）」（p. 6）や予防型マネジメント（preventive management）」（p. 7）と総称しており、以下本稿では「現場リーダーシップ」と呼ぶことにする。現場リーダーシップの要諦は信頼に依拠したリーダーシップである。他者に対する配慮と尊重を通じて培った信頼に基づく権威を活用するリーダーシップであり、役職に応じた権限によって人を管理するリーダーシップの対極にある。現場リーダーシップを身に付けたリーダーは、問題の発生を予防することができ、問題が発生した場合でもその拡大を最小限に留めることができる。そして現場リーダーシップはスキルであるので、教えることも学ぶことも十分に可能であり、『サバイバルガイド』はその実践のための入門書である[15]。

　『サバイバルガイド』は全体で 8 章からなり、基本的に各章は次のような 3 段階の構成をとる。まず、当該の章で扱われる問題の典型がシナリオとして提示される。続いて、その問題のメカニズムが説明され、現場リーダーシップに基づいた対処法の解説が様々な例を交えて提示される。最後に、提示された対処法によって冒頭のシナリオが解決へと向かうプロセスが示される。各章で扱われる問題と解説の描写は実際的で、経験不足の読者にとっても状況の想定が容易であろう。例えば、不平・不満の申し立てをした人物との問答例とその解説、話し合いの最中にとるべきメモの文例、謝罪文の文例、交渉において必要とされる様々なスキルやそれらの練習法、研究不正への対応に際して論文の主たる原著者を判定するためのチェックリストなどである[16]。

　『サバイバルガイド』が現場管理職に注目する理由は、それがきわめて重要な役割を担うからである。同僚文化が支配する大学という組織は、組織内の序列に基づく中央集権的な管理運営では機能せず、教職員の所属の基本単位となる学科等の部局の自治を尊重した分権型システムをとらなくてはならない。大学の質は、各部局という現場のパフォーマンスによって決定される。従って、現場を率いる現場管理職は大学の実質的な顔であり、きわめて重要

な役割を担う。

　こうした大学の特徴の形成には、雇用される者としては非一般的と言える大学教員の存在によるところが大きい。大学教員は高度に専門分化して個人主義的であるが同僚意識も強い。また、所属機関よりも専門分野の団体に強い所属意識を持っており（準拠集団）、流動性の高い労働市場に身を置いている。さらには所属機関を超えた概念や制度、つまりアメリカ大学教授会（American Association of University Professors:AAUP）が規定する学問の自由（Academic Freedom）と終身在職権（Tenure: テニュア）、の原則の下に保護される。そして大学の中核的活動である教育研究は、こうした特性を備える大学教員の自発的な意思に基づく創造的な活動を通じて生み出され提供される。

　現場管理職が直面する最も困難な問題は人間関係に起因するが、それらは教員との関わりである場合が目立つ。その理由は、以上のような大学の分権的な特質と大学教員の組織人としての非一般性にある。

現場リーダーシップに求められる要素

　以下では、現場リーダーシップにおいて重要とされる要素を9つ列挙する。日々の仕事でこれらの要素を繰り返し適用することを通じて「信頼に基づく権威」を確立することが現場リーダーシップの目標となる。『サバイバルガイド』が現場リーダーシップをスキルという側面から語る際、そのスキルとはこれら9つの要素を意味するとみなしてよい。なおここでは、『サバイバルガイド』全体から重要な要素を抽出して提示するため、列挙する各要素は同書の各章に対応していない。

①深い自己認識

　現場のリーダーという観点から自分自身について良く知らなければならない。まずは、現場管理職の任を引き受けた本当の理由を明確に意識することが重要である。そして、自らの任期中に達成したい2〜3つの目標を書き出す。この時、「この学科を可能な限り良い状態にする」というような曖昧さを排除し、目標の達成度が明確に判別できる具体性を意識する。具体的な目

標を定めたら、それらを少なくとも1週間に1度は十分に意識する時間を確保する。また、常に目に付くところに目標のリマインダーを置き、加えてリマインダーの携帯も励行する。

　リーダーは怒りや不満などの感情を決して表してはならない。感情をコントロールするための第1歩は、自らが感情的な状態に陥ってしまう諸条件やパターンを見極めることである。そのためには、憂鬱なことではあるが、自らの過去の言動を分析し、他者に意見を求めることが必要となる。

②期待の明確な表明

　現場管理職を含めて部局の全教職員は、自らに職務上何が期待され、その期待がどのように、いつまでに達成される必要があるのかを正確に認識し、かつどのような基準で評価されるのかも明確に把握していなければならない。現場管理職には、教職員の言動の適切さ・不適切さを、そうした職務上の期待に照らして説明することが求められる。

　職務上の期待は、機関全体のミッションやヴァリューに関連付けられている必要がある。例えば現場管理職のスタッフが遅刻を繰り返していたとしよう。この時、遅刻の不適性を現場管理職個人との関わりで説明してはならない。代わりに、例えば、定刻出勤という職務上の期待を満たすことによって現場管理職のオフィス全体が学生対応に遅滞なく取り組むことができ、それは学習支援重視を表明している学科と大学全体にとって非常に重要なことである、といった説明をすべきである。

　現場管理職はまた、教職員に対する期待を表明する機会を積極的に探し出し、その度に期待を表明すべきである。こうした行為が、仮に現場管理職個人にとって不慣れで気の進まないことであったとしても、リーダーの義務・責任として実行しなければならない。

③他者に対する配慮と尊重

　現場管理職が直面する最も困難な問題は人間関係に起因する。人間関係が関与すると些細な問題が大きな対立へと容易に発展する。人間関係の基本は

他者に対する配慮と尊重であり、それは現場リーダーシップの基本姿勢でもある。まず、現場管理職は、リーダーとして自らの感情をコントロールできなくてはならない。怒りや不満を表さず、控え目で落ち着いた態度で常に他者に接すること。根気、忍耐、辛抱の姿勢を保つことが重要である。

他者に対する配慮と尊重を示すためには、自らの感情を統制するだけでなく、他者の立場から状況を解釈することを習慣化する必要がある。例えば、発生した事案に対する自らの考えを即答できない場合は、回答を待つ関係者の気持ちを慮り、自らがとる行動を説明し、回答を伝える予定日を伝える。また、回答が予定日を過ぎるようなら、遅れることを事前に通知し、新たな予定日も合わせて伝えることが肝要である[17]。

④コミュニケーション、特に聴く姿勢、の重要性

コミュニケーションは人間関係に大きな影響を与える。よって、コミュニケーションに対する基本姿勢とその様態を知ることは、現場リーダーシップの要である。コミュニケーションは口頭でも文書を通じてもなされるが、特に聴く姿勢に注意を払う必要がある。まずは聴き役に徹することを心掛ける。自らの意見を述べる前に、相手の話を誠心誠意聴くことによって、直面する事案に関してより多くのことを学ぶことができ、結果として効果的な解決策を見いだす可能性が高まるのである。

現場リーダーシップで求められるコミュニケーションでは、話し手の要求内容だけでなく、要求が形成された理由を正確に把握することにも主眼が置かれる。従って、リーダーである現場管理職は、自らが話し手の意図を真摯に理解しようと努めていることを、話し手に対して態度で示すことが重要である。沈黙して話を聞くのではなく、話し手の言ったことの一部を繰り返したり他の言葉に言い換えたりなどのアクティブ・リスニングの技法の活用が効果的である。

十分に説明する機会が与えられたという話し手の実感、十分に言い分を聴いてもらったという話し手の満足感を話し手が抱けるかどうか、それがポイントである。組織上の序列が下位の者や立場の弱い者とのコミュニケーショ

ンにおいてこそ、リーダーの誠心誠意な態度が重要であることを心すること。

⑤公平・公正の堅持

　リーダーは全ての人々に対して常に中立性を保ち公平・公正でなければならない。日々発生する問題から各種ハラスメントや研究不正などの深刻な問題まで、事案の大小に関わらず、非難・批判の対象となった者を含めた全ての関係者が、自らの立場を説明する機会 (つまり、現場管理職が各人の話を誠心誠意聴く機会) を必ず十分に確保すること。公平・公正の原則は、現場管理職の個人的な感情や関係各人との関係、または各人の人格や態度、仕事ぶりや能力、組織内の序列、問題に対する各人の動機や利害とは無関係に適用されるべきである。

　一貫して公平・公正であるためには、伝聞や噂という2次情報ではなく、各関係者から直接得られる1次情報を収集することが不可欠である。1次情報の確保は、状況が複雑になればなるほど重要性を増す。結論を急ぐべきではない。現場管理職が全ての関係者から話を直接聴くことを義務として負っていることを、それぞれの関係者に率直に伝え、状況の全体像が把握できるまで回答を留保する旨を告げる。

　事案とは無関係な教職員を含めて部局の全ての者は、自分たちのリーダーである現場管理職が常にバランスを保ち公平・公正であるかどうかを注視していることを心すべきである。

⑥責任領域の順守

　現場管理職には部局内で発生する大小の様々な問題や相談が持ち込まれる。ただし、現場管理職が全ての事案の解決に責任を負っているのではない。現場管理職を含めて部局の教職員は、各人に職務上期待されていること、つまり職務上の責任領域、を超えた言動をなすべきではないからである。状況によっては、適切な専門部局 (例：カウンセリングセンター) や上位のオフィス (例：プロボスト) に事案への対処を一任すべき場合もある。リーダーとしての現場管理職の責務は、自らを含めた関係者各人の責任領域を把握し、誰が何をど

の範囲でいつまでに実行すべきかを明確に理解し、それらを説明することである。

⑦学内規定の順守

責任領域を順守するためには、学内の規定・制度に十分精通し、各事案に適用される規定・制度に常に完璧に従う必要がある。現場管理職に就任するにあたっては、特に次の分野の規定・制度を十分に学び、自らを含めた関係する各担当の責任領域や学内の関係専門部局の責任領域について把握しておくことが不可欠となる。

- 雇用契約
- 業績評価
- 解雇の猶予と解雇
- 差別／ハラスメント
- コンプライアンス（研究不正、被験者・被験動物の保護、補助金規則、家族休暇法、労働者と学生のプライバシー関連の規則など）

⑧手続きの尊重

何らかの事案が発生した際、何がどの順序でなされるべきかという手続きを早急に把握しなければならない。加えて、事案について誰がどの順番でどのような説明を受けるべきかという手続きについても迅速な把握が必要となる。そしてこれら全ての手続き一つ一つを順守しなければならい。正規の手続きを着実に踏むことは時間を要するが、迅速果敢な行動は多くの場合失敗に終わることを知るべきである。特に、人事や学生に関する事案では、正規の手続きを順序通り履行することに注意を払うこと。また、手続きの過程においては、現場管理職としての自らの役割や、手続きの進展経路と進展状況について、関係者に説明することが必要となる。

正規の手続きを踏む度合いを高めれば高める程、最終結果はより盤石になる。ただし、規定や制度、そして正規の手続きを尊重することと同時に、各関係者の感情に十分な配慮をすることを決して疎かにしてはならない。

⑨記録作成と記録共有の励行

　話し合いや議論については、記録をとり、記録を保存し、記録を関係者と共有する、という3点を必ず実行しなくてはならない。記録の作成・保管・共有によって更なる問題の発生を防ぐことができる。それは現場管理職を守る砦である。複雑な事案や深刻な事案（各種ハラスメント等）については、記録を残さないことを条件に話し合いが設定される場合や、全関係者と直接話をする前に限定された関係者と記録を共有しなければならない場合が考えられる。こうした状況は公平・公正の原則に反するため特に注意が必要となる。従って、どの様な記録をとることが適切か、誰と・何を・どの順序で共有することが適切かに関して曖昧である場合には、学内の適切な専門部局から助言を求め、従うこと。

『サバイバルガイド』から得られる示唆

　ここでは『サバイバルガイド』から得られる示唆を述べる。上記に列挙した1〜9の要素、すなわちリーダーシップ・スキルを繰り返し実践することを通じ、信頼に基づく権威を形成することが現場リーダーシップの目標であった。これら9つのリーダーシップ・スキルのうちの中核的なものは、「他者に対する配慮と尊重」であると言える。他者への配慮と尊重という中核概念から、コミュニケーションにおける聴くことの重要性や公平・公正の堅持が派生する。また、規定や手続きを順守するにおいても、関係者それぞれの感情に対する配慮を怠らないよう注意が喚起されている。コミュニケーションについては、本稿第2節で言及した学長や学部長を対象とした先行研究でも指摘されており、その重要性は、役職のレベルを越えて認識されていることがわかる。

　さらには、「説明する」という行為の重要性が『サバイバルガイド』の全編を通じて繰り返し言及されているが、これも関係者達が情報不足による不安や苛立ちに陥らないように、という他者への配慮・尊重とみなせる。また同書では、教職員を「誉める」こと、より具体的には仕事に関連付けて誉める

ことの重要性が強調されている。リーダーの務めは、誉める機会を積極的に見出し、かつ実際に誉めることであり、達成された成果を誉めることはもちろん、成果につながる可能性についても誉め励ますことだと説かれている。これも他者に対する配慮と尊重から派生していると言えるだろう。

『サバイバルガイド』は、9つのリーダーシップ・スキルを適用することの重要性をどのような次元で捉えているのだろうか。ひとつの考えは、厄介な人間関係をコントロールするための手段という次元である。なぜなら、同書が最も困難な問題は人間関係に起因すると述べているからである。つまり、リーダーの真意や人格とは無関係に、人間関係を無難に処理するための手段としてリーダーシップ・スキルを表面的に適用すればよいという考えである。人格と手段が一致する必要はないという考えは、一面においては正しいだろう。

だが『サバイバルガイド』はこうした姿勢をとっていないようである。それは、同書において、「信頼」「誠実」「他者の立場から状況を解釈することの必要性」といった人徳的要素の重要性が強調されていることから示唆される。さらには、宗教倫理上で言われるところの黄金律「自らが他者に対して望む行為を他者に対して実践せよ」を指針とすべきであることが繰り返し言及されていることからも示唆される。

『サバイバルガイド』が、人徳的要素や黄金律のような美辞麗句を現場リーダーシップの指針として称揚するのだとすると、アメリカの大学は従順かつ信頼できる人々によってのみ構成される楽園のようなところであるのかというと、同書からは全く別の印象を受ける。『サバイバルガイド』には、教員を中心に容易ならざる人物が引き起こす不条理な多数の事案に言及がある[18]。不条理の中にあると、人間はストレスに苛まれ、苛立ちや怒りあるいは侮蔑の感情を抱き、それを露わにすることも珍しくない。また不条理な状況では、役職に伴う権限によって人を支配することで面倒な人間関係を封印したくもなるだろう。

だが『サバイバルガイド』から得られる示唆は、その真逆である。容易ならざる人々や困難な状況を前にしてこそ、「他者に対する配慮と尊重」を中

心とした9つのリーダーシップ・スキルを実践し続けよと同書は訴えている。感情的になることを厳に戒めている。苛立ち、怒り、侮蔑ではなく、丁寧に誠実に、公平・公正を旨とした対応を心掛けて、「自らが他者に対して望む行為を他者に対して実践せよ」を指針とすべきだと訴えている。これらのリーダーシップ・スキルを忍耐強く繰り返し実践することによって、リーダーは、組織内の序列に基づく権限による管理ではなく、信頼に基づく権威によって人々を率いることができる。そうしたリーダーは、問題事案の発生さえも予防できるようになると主張している。つまり、これが、Gunsalus の説く「予防型リーダーシップ」である。

5　マネジメント論・リーダーシップ論からみた『サバイバルガイド』

　『サバイバルガイド』の著者である Gunsalus は、高度に専門分化した教員が中核的事業を展開する大学という組織を効果的に機能させるためには、中央集権ではなく部局自治を尊重した分権型であるべきだということを十分に認識している。その上で著者が問いかけるのは、分権型組織において組織の原動力となる現場に相応しいリーダーシップとはどのようなものなのか、ということである。自らがアメリカの有力研究大学で教員と管理職を務めた Gunsalus が試行錯誤を経て辿り着いた答えが、組織内の序列に基づく権限ではなく、人々との信頼に基づく権威を活用する現場リーダーシップであった。以下では、こうした主張が『サバイバルガイド』にユニークなものではなく、アメリカにおけるマネジメント論とリーダーシップ論のコンテクストに沿った主張であることをみてゆく。

　過去30年〜40年ほどの間、アメリカのマネジメント論やリーダーシップ論では、競争的環境でこそ分権型組織と信頼に依拠したリーダーシップが必要であるという議論が目立つようになった。それ以前の伝統的マネジメントでは、集権型組織において厳格なスカラー原則 (scalar principle) と指揮命令系統 (chain of command) を規定して、上意下達の徹底が推奨された (Stoner & Freeman, 1992)。トップ層に情報を集約すれば、トップ層が最適な戦略計画を

策定するので、現場はトップ層からの指示を無批判に実行するだけでよい（前掲書）。従って、トップ層を除けば高度な教育も必要とされず、現場は指示に従う機械の部品のようにみなされた（Wren, 1987）。信頼は不要であるし、信頼について考える必要すらない。こうした集権型組織を前提とする伝統的マネジメントは、予見可能性の高い安定した環境に最適のスタイルである。

　その後1980年代〜90年代にかけ、日本をはじめとした外国企業の躍進にともなってアメリカ国内外の市場で競争的環境が強まった。加えて、先端知識を活用した高付加価値商品（財・サービス）が競争上の優位を決するようになった（Reichi, 1991）。すると、伝統的マネジメントへの批判が目立ち始める（Stoner & Freeman, 1992）。80年代以降の変化の激しい不安定な競争環境では、現場からトップへと情報を集約して意思決定を行って後にトップからの指示を受けて現場が実行に移すというスタイルがあまりにも緩慢だとみなされるようになったのである。組織が生き残るためには、変化の最前線にいる現場が迅速で適宜な行動をとることが求められる。そのためには、意思決定権限をより現場に近い部門に移譲しなければならない。つまり、いわゆるエンパワメントによる集権型から分権型への転換が提唱されるようになった（前掲書）。

　また、高付加価値商品を生み出すためのイノベーションの創出にも伝統的マネジメントは適していないとみなされた。イノベーションは、異分野の高度な専門知識を様々に組み合わせることによってもたらされる（Reichi, 1991）。高度に専門化した最先端の知識やそれらの自由な混成から生み出される成果を予見できるほどの能力を有した個人や一握りの集団は存在しないため、限られたトップ層が最適な戦略計画を策定するという伝統的モデルの信頼性が失われたのである。生き残るためにはイノベーション創出の力を高める必要があり、そのためには異分野の高度専門人材をより多く抱え、そうした人材の能力が最大限発揮されるよう、高度専門人材の所属部門に意思決定の権限を委譲しなければならない。ここでも、エンパワメントによる集権型から分権型への転換が求められるようになった[19]。

　エンパワメントによる分権化を現場の視点から捉えると、現場の裁量が拡

充することを意味する。よって、分権型組織では、現場を構成する各個人または小集団が、拡充した権限を自らの責任と判断で効果的に活用できることが重要であり、それが組織全体のパフォーマンスを左右することになる。

こうしたマネジメント論のコンテクストで語られるエンパワメントによる分権化の論理は、『サバイバルガイド』で説かれる大学像と重なる部分が多い。すなわち、大学は高度に専門分化した教員の所属する部局の自治を尊重した分権型システムでこそ機能するのであり、大学全体の質は部局のパフォーマンスに大きく影響されるという認識である。

次にリーダーシップ論のコンテクストから考えてみよう。分権型組織をリーダーシップ論の視点で言い換えると、組織のトップ層がリーダーシップを独占するのではなく、組織を構成する全員がリーダーとして活躍できるようにすることが重要であり、その実現こそがトップの責任ということになる。リーダーシップ論の世界的ベストセラーとして知られる『リーダーシップ・チャレンジ (*The Leadership Challenge*)』(Kouzes & Posner, 2002) において、厳しい競争と混乱・変革の時代にあって「リーダーシップはあらゆる人のもの (Leadership Is Everyone's Business)」(p. 383) であるべきだと述べられていることも、こうした文脈にある。そして『サバイバルガイド』同様、『リーダーシップ・チャレンジ』もまた、リーダーシップの要諦は信頼に基づく人間関係であると主張する。人々の関係が尊敬と信頼で結ばれていなければ効果的で継続性のあるリーダーシップは存在せず、信頼こそがリーダーシップの土台であり、信頼からリーダーシップの全てが始まると述べている (前掲書)。権限を保持していなければリーダーシップを発揮できないとは主張していない。リーダーシップの根本は権限ではなく信頼なのである。

『サバイバルガイド』はまた、現場のリーダーである現場管理職とその責任部局の関係を、リーダーがコミュニティ（責任部局）に仕える者（サーバント）であると述べている。リーダーがサーバントであるという概念は「サーバント・リーダーシップ」として Greenleaf によって 1970 年代に提唱され、その後、伝統的な集権型マネジメントの行き詰まりと共に次第に広まっていった。サーバント・リーダーシップでは、事業の成功・発展のためには集権化が必

要、という考えをまず否定する (Greenleaf, 1998)。サーバントとしてのリーダーは、ビジョンやミッションをメンバーと共有した上で、意思決定の権限をメンバーと分かち合い、メンバーの自主性を尊重し、メンバー各人の成功と成長のために支援・奉仕するリーダーである。このことによって信頼が確立され、一人一人のメンバーが自らの裁量を主体的に活用して組織に貢献するようになる (Greenleaf, 1998; 2002)。つまりサーバント・リーダーシップは権限ではなく信頼と支援を基盤にしているのであり、『サバイバルガイド』の主張と呼応していることが分かる[20]。

　こうしたアメリカのマネジメント論とリーダーシップ論の視点からみると、分権型組織や信頼に依拠したリーダーシップへの転換は、厳しい競争環境が要求する必然的な帰結として理解できる。トップが権限を独占していられるほど、予見可能性の高い安定した環境は既に過ぎ去った。不確実で厳しい競争環境での生き残りをかけて、トップは現場を信頼して権限を委譲するのである。

　激烈な競争環境下にあるアメリカの有力研究大学でキャリアを築き、かつビジネス・カレッジの教員を務めた Gunsalus は、マネジメント論やリーダーシップ論で起こった上記の転換を踏まえて『サバイバルガイド』を著していると考えられる。従って、同書が推奨する現場リーダーシップとそれを支える「信頼」「誠実」「他者に対する配慮と尊重」「他者の立場から状況を解釈することの必要性」「自らが他者に対して望む行為を他者に対して行え」といったことについても、マネジメント論やリーダーシップ論のコンテクストを踏まえれば、浮世離れした人生訓ではなく、生存をかけた厳しい競争環境下にあって高度専門人材が中核を担う分権型組織の大学で適用されるべく抽出された実践知であるとみなせる。

6　考　察

　日本の大学は、18歳人口の継続的な減少と国内外で進展するグローバル化を背景とした構造的な大変化の中で、かつてない程の不安定で激しい競争

の渦中にある。こうした厳しい環境を前に、政策当局と産業界によって大学執行部への集権化による学長リーダーシップの強化が志向され、その法制化も実現した。この背景には、教授会などの部局の権限の縮小によって執行部に権限を集約することで、強力な学長リーダーシップのもとに大学が管理運営されると自動的に全てがうまく機能して日本の大学の水準が向上する、という考えがあるのかもしれない（南原, 2015）。

　確かに、学長リーダーシップ強化は正しい方向性であろう。なぜなら、日本の高等教育をとりまく環境が一層競争的となり、不確実性が高まることが予想されるなか、大学執行部には、これまでの調整機能に加えてリーダーシップの発揮が求められるからである。ただ問題は、リーダーシップの強化が大学執行部に留まってよいのかという点である。先の見えない不確実な競争環境であるからこそ、集権化ではなく信頼に基づいた全員リーダーの分権型組織を志向すべきである、というのがアメリカのマネジメント論やリーダーシップ論、そして『サバイバルガイド』の方向性であった。

　高度に専門分化した教員が重要な構成員である大学は、企業が分権化へと舵を切るよりも遥か前に、歴史的にみて元来が分権的であった。大学が分権型組織であるからこそ効果的に機能するという認識は、Gunsalus だけでなく高等教育研究者の主張するところである[21]。日本における学長リーダーシップ強化論で模範とされるアメリカの大学であっても、学長が権限を掌握して強力なリーダーシップを発揮しているとは必ずしも言えない（福留, 2012）。特にハーバード大学等の有力な研究大学では分権化の傾向が強い（東京大学, 2007）。また、世界大学ランキングで常にトップを争うイギリスのオックスフォード大学[22]はアメリカの大学よりも一層分権的ですらある（岡村, 2013）。

　だが現状では、日本の大学に関するリーダーシップ強化の議論の射程は、主として執行部に留まり、全教職員へと広まっていない。この背景には、権限とリーダーシップが不可分であるとの想定があるのではないだろうか。権限を持った者がリーダーであるという前提である。だが既にみたように、リーダーシップの本質は信頼であって権限ではない。権限がなければリーダーシップが成立しないとは考えられていない。そもそも信頼がなければ、権限

を有していてもリーダーシップを発揮できない。こうした近年のリーダーシップ論の視点に立てば、集権化によるリーダーシップの強化とは、実のところリーダーシップを語っているのではなく、掌握した権限によって構成員を意のままに動かすという支配と服従の議論である。

　リーダーシップの強化を議論する上では、権限との違いを意識すべきだろう。ここで考えるべきは、近年のリーダーシップ論がリーダーシップをスキルという面から捉えていることである。『サバイバルガイド』が提唱する現場リーダーシップも、9つの日々実践すべきスキルとして抽出することができた。スキルの特徴は学びかつ教えることができるという点にある。またスキルには、それが限りある資源ではないという特徴もある。つまり自らのスキルを向上・発展させるために他者のスキルを犠牲にする必要はないということである。対照的に、権限は、学び教えるようなものではない。また権限は限りある資源としての性格を有し、誰かが得た分の権限を誰かが失う。他方スキルは、全ての者が共に学び向上させることができる。むしろ、集団が協力した場合には、個人の努力を上回るスキルの向上が集団の全員にもたらされることが多い。

　つまり、リーダーシップがスキルであることの意味は、誰もがリーダーシップを学び教えることが可能であり、全員がリーダーシップを強化向上させることもできるということである。こうした理解に立った場合、リーダーシップの強化は、特定の集団に権限を集中させることによってではなく、スキルとしてのリーダーシップを全員が学び向上させることによって達成される方向性が見えてくる。そしてリーダーシップを権限から切り離して考えることができれば、大学執行部がエンパワメントを実行して現場により大きな権限を委譲することと、執行部を含む全教職員のリーダーシップを強化向上させることが矛盾することもない。

　本章第1節で紹介したアメリカの研究状況や第2節で言及した著者であるGunsalus の経歴が示唆していたように、アメリカには、大学のリーダーシップについて、成功と失敗を含む数多くの様々なケースに対する検討の積み重ねがある。他方、日本の大学におけるリーダーシップとは何かと問われた時、

明確な回答を与えられる程の蓄積が日本の高等教育研究にはない。大学での
リーダーシップが信頼なのか、あるいは何か別のものなのか、仮に信頼であ
るならば、それはどのような側面から特徴付けて理解できるのか、スキルな
のか、修得できるのか、教えることができるのか、こうしたリーダーシップ
に関する問いが、日本の高等教育研究ではあまり設定されてこなかった。日
本の高等研究のこうした現状は、権限の集約化による支配と服従の議論が
リーダーシップ強化の議論として理解される土壌の形成を許し、強い権限を
掌握する大学執行部による果敢な改革の断行といった言説がリーダーシップ
の代名詞のように語られる空間を生み出している一因となっているだろう。

　だが、大学のリーダーシップについて一面的な議論が目立つのは望ましい
傾向ではない。日本の高等教育研究でもリーダーシップに関する検討が進め
られる必要がある。まずは先行するアメリカを含む海外の知見をこれまで以
上に精査することが重要である。同時に、日本の大学というコンテクストに
適したリーダーシップとは何かといった問いも検討される必要がある。その
ためには、トップから現場までを含む成功と失敗の事例を、リーダーシップ
という視点から丁寧に収集分析する作業が求められる。

注

1　例えば中央教育審議会 (2014)、経済同友会 (2012)、教育再生実行会議 (2013)、
　日本経済団体連合会 (2018)。

2　多くはないが、例えば『大学学部長の役割 : 米国経営系学部の研究・教育・
　サービス (*Dean's Perspective: Issues in Academic Leadership in Schools of Business*)』(Dhir, Ed.,
　2008=2011) などがある。

3　著者の Gunsalus は、学科長や学部長を front-line administrators と表現しており、
　本稿ではその訳語として「現場管理職」を用いる。また本稿では、アドミニスト
　レーターと大学管理職を互換的に用い、そこには現場管理職から大学執行部ま
　でを含める。本稿での大学執行部は、学長 (President)、副学長 (Vice President)、
　プロボスト、副プロボストなど大学全体の管理運営に携わる役職者を意味する。
　学校教育法では学長から学部長や研究科長などをまとめて学長等としている
　が、著者の Gunsalus は学部長を現場管理職に含めているので、本稿もそれに倣い、
　大学執行部には学部長や研究科長を含めない。

4　成功する学長は、例えば、日常的にキャパス内を歩き回り、各学科を訪れ個別教員のオフィスに立ち寄って意見交換を行う。つまり、委員会等の正式な意思決定機関の場に限定されることなく、現場レベルにおける教員とのコミュニケーションも重視し、個々の教員の意見を汲み上げることに取り組んでいる。規模の大きくない大学では全教員とコミュニケーションをとっていた学長の例も言及されている。

5　経営学関連の教育プログラムの審査期間。

6　https://www.timeshighereducation.com/（本稿における URL のアクセスは全て2019 年 3 月 8 日）

7　https://www.usnews.com/best-colleges

8　参考のために付すと、THE のランキングで日本の大学のトップは東京大学の42 位、次いで京都大学の 65 位である（https://www.timeshighereducation.com/）。

9　https://illinois.edu/index.html

10　学生数で同規模の日本の大学となると、例えば約 49,000 人の学生を有する早稲田大学が挙げられよう。

11　http://gunsalus.net/assets/CKGunsalusCV.pdf

12　例えば Birnbaum（1988）。

13　大場（2004）ではコロンビア大学、ハーバード大学、ボストンカレッジなどの事例が検討されている。またカリフォルニア大学バークレー校の高等教育研究センター（Center for Studies in Higher Education）が提供するエグゼクティブ・リーダーシップ・アカデミー（Executive Leadership Academy:ELA）は学部長や執行部を対象としたプログラムで、受講料（5 日間）は 6,900USD である（https://cshe.berkeley.edu/ela）。

14　アメリカの大学による内部人材を対象とした教育訓練プログラムについては、例えば大場（2004）を参照。

15　スキルとしての現場リーダーシップの適用を解説している『サバイバルガイド』では、リーダーシップに関する理論が展開されることはない。ただし、本稿第 4 節でみるように、『サバイバルガイド』は近年のリーダーシップ論やマネジメント論の知見を意識して著されていることが示唆される。

16　『サバイバルガイド』は現場管理職が責任を有する部局内で発生する事案に焦点を当てており、現場管理職の仕事としてもう一方の核であろう大学執行部に対する折衝事案についてはほとんど触れていない。

17　他者に対する配慮と尊重に関する他の例として、相手の気分を害さずに話し合いを切り上げるための次のようなアドバイスを紹介する。仮に、話し合いが予定時間を超えて継続しているとする。それでも予定時刻を過ぎたからと言っ

て無下に話し合いを打ち切れば、相手の気持ちを害してしまう。そこで「お芝居」をするのである。例えば、学外に予定があってオフィスを出なくてはならない「ふり」をする。より具体的には、話し相手をオフィスから送り出すとともに、自らも上着を着て実際にオフィスを出て、駐車場へ行って車に乗り、少なくとも1区画ほど運転した後にオフィスに戻るのである。

18　各種ハラスメントはもちろん、例えば、週末旅行の時間を確保するために冊子体となって公開済みの次学期授業時間割りの変更を要求するケース、TA に禁止されている業務（教員の個人的な買い物の依頼）の例外を認めるよう要求するケース、授業中に強圧的な姿勢で学生を罵倒するケース、高すぎる自己評価ゆえに学長かプロボスト以外の者への報告を拒否するケース、同僚の教職員に非常識な言動を繰り返すケースなど、他にも多様なケースが言及されている。また、アドミニストレーターの中でも特に現場管理職である学科長が高いストレスを抱え、従って学科長に対する支援・研修が最も重要であることが、吉永（2016）によるアメリカの大学管理職に対するインタビュー調査で指摘されている。

19　1997 年のアメリカ製造業に対する調査では、40% を超える企業がエンパワメントに基づくマネジメントを取り入れるまでになった（Robbins, 2001）。

20　サーバント・リーダーシップの大学への適用を訴えるのは『サバイバルガイド』に留まらない。例えば『高等教育のためのサーバント・リーダーシップ：原則と実践（*Servant Leadership for Higher Education: Principles and Practices*）』（Wheeler, 2012）や『サーバント・リーダーシップの活用：高等教育の中核機能を再構成する方法（Using Servant Leadership: How to Reframe the Core Functions of Higher Education）』（Letizia, 2018）などがあり、また前掲した *A Guide to Leadership and Management in Higher Education*（Fitch & Brunt, 2016）でも言及がなされている。今後一層の広がりを見せる可能性があるだろう。

21　例えば Birnbaum（1992; 1988）。

22　THE による 2019 年の World University Ranking ではオックスフォード大学は世界第 1 位（https://www.timeshighereducation.com/）。

第4章　大学教員の意思決定への参加の現状と上級管理職に対する評価

両角亜希子

1　はじめに

　大学のガバナンスに関する議論への関心が強まっている。経済界からは、教授会自治、教員による学長選挙など、従来の教員の経営参加のあり方が全学的な改革を妨げるとして強い批判が向けられ（経済同友会 2012 など）、新聞等でもこうしたトピックスがよく取り上げられるようになっている。政策的にも、各大学が学生・地域・社会のニーズに合った質の高い大学教育を行うために、学長や理事長のリーダーシップを確立させ、こうしたガバナンス強化によって大学改革を推進しようという論調が強い。教育再生実行会議の「これからの大学教育等の在り方について（第 3 次提言）」（2013 年 5 月 28 日）では、学校教育法等の法制改正や学内規定の見直しも含めた抜本的なガバナンス改革が提言され、同年 6 月下旬から、中央教育審議会大学分科会の組織運営部会での検討も始まり、2015 年の学校教育法の一部改正へと至った。

　しかしながら、そもそも大学運営の実態は、法令や学内規定だけでなく、むしろ慣習、組織の文化、構成員の価値観の影響を大きく受けており、法律を改正して、ガバナンス構造を変えさせることが本当に大学改革の推進につながるのだろうか。実態を十分に把握しないままに政策的な議論が行われている印象も受ける。こうした議論において「反対勢力」として扱われがちな教員集団であるが、大学の教育研究を高度化するために最前線に立っている

のもまた教員集団である。彼らを適切な形で大学改革に巻き込み、参加させることが重要だという議論もなされている（広田 2013、江原 2013）。教員自身が何を考え、何を望んでいるのか、それはなぜなのか。こうした理解の上に、ガバナンス改革の議論はなされる必要があるのではないだろうか。そこで本稿では、とくに意思決定への参加という観点から、教員自身が大学運営の現状や将来像をどのようにとらえているのか、質問紙調査の分析から検討し、ガバナンス改革論に対するインプリケーションをまとめたい。

2　先行研究と本稿の分析課題

先行研究の検討

　日本以外の国をみても、同僚性・官僚性から法人性・企業性へと比重を移す改革が進行中である（江原 2010）。とくに国公立大学の議論でその傾向が強いが、市場化の流れの中で、大学は政府から財政的にも組織運営的にも自律し、大学のトップの権限を強化しなければならないという議論は、基本的にはこの流れに位置づく世界的な潮流ともいえる。しかしながら、アメリカのKaplan（2004）が、1970 年と 2001 年の比較から、shared governance の変化に着目し、執行部の強化と同時に、教員参加がむしろ拡大したことを明らかにしたように、大学改革の中で教員の経営参加は単純に制限されるとは限らない。むしろ、教員の経営参加のあり方がどのように変わっていくのが望ましいのかを議論することの必要性を示唆している。教員の経営参加は、大学の課題を認識し、改革する上でプラスに働く面と、逆に全学的な改革をさまたげる両面を持っている。この望ましいバランスをどのように考え、設計していくのかが日本の大学経営においても重要な課題となっている。

　こうした観点からみたときに、日本ではどのような研究が行われてきたのか。大学ガバナンスに関しては法令以上に、慣習の影響力が強いという問題意識から、ここでは大学運営の主要なアクターに対する意識調査を中心に、先行研究を検討する。大学運営に対するアンケート調査の多くは、学長・理事長・学部長などの執行部を対象に行われてきた。紙幅の都合ですべてを挙

げないが、例えば、私学経営者に運営上の課題を尋ねた調査によれば（私学高等教育研究所 2013）、95% の経営者が「教員の意識」が課題と感じており、「経営陣の経営能力」(84%) や「学長の権限や補佐体制の不足」(61%) 以上に、改革の妨げと感じていることが明らかになっている。また、広島大学高等教育研究開発センター（2007）の調査によれば、国立大学の全学長が「学長・副学長」や「理事会・経営協議会等の機関」の権限を今後強化する必要があると回答するなど、学長が執行部の権限強化を強く求めていることが明らかになっている。

他方、本稿で着目したい大学運営に対する教員の意識については、40 年ほど前に行われた広島大学大学教育研究センター組織・運営プロジェクト（1973）以降、それほど目立った研究はなされてこなかった。そうした研究が必要にならないような安定した大学運営が長らく行われていたためであろう。しかし近年、大学教授職研究の一環で、大学の管理運営に関する教員意識が分析されるようになってきた。法人化以降に教員の管理運営時間が増大していること、教員の権限や裁量が縮小していること（藤村 2010）、また、トップダウンの管理運営が強いほど、教員の帰属意識が薄くなり、離職志向が高まる傾向（藤村 2011）が指摘されている。大学のガバナンスのあり方が教員の意識に影響を与えていることを実証的に示した研究で、本稿にとってもきわめて重要な先行研究といえるが、教員自身が主体的にどのように意思決定や運営に参加していくのかといった観点からの研究はまだほとんど行われていない。

また、大学の運営に関しては、立場によって意見や見え方が大きく異なることが指摘されてきた（たとえば、広島大学高等教育研究開発センター 2007）。重要な指摘であるが、なぜ違うのかという思考のロジックやそれぞれの意見の内的関連性については十分に明らかにされてきたとは言い難い。異なる立場や意見を超えて、いかにして大学改革を全学的に巻き込むかが課題になっており、意見が違うということだけを指摘するのでは不十分である。

分析の課題

以上を踏まえて、本稿では、下記の点を明らかにすることを分析課題とす

ることにした。

　課題①：大学の意思決定に現在、教員はどのように関与し、それをどのよ
　　　うに評価しているのか。

　課題②：将来の意思決定への関与についてどのように考えており、その考
　　　え方の違いに何が影響を与えているのか。

　大学の意思決定や運営に関する教員の意見は、教員の立場や経験、勤務し
ている大学のタイプなどによって異なることは当然、想定されるが、本章で
はこうした違いにあまり焦点を当てない。こうした分析は別の機会で詳しく
検討し、本稿では、意識の関連性を解明することを最重要課題としたい。

データ

　分析に用いるデータは、2013 年 2 月に東京大学大学経営・政策研究セン
ターが実施した「大学における意思決定と運営に関する調査」（教員調査）であ
る。全国の約半数の学部に 2-6 部の調査票を送付し、教員への配布をお願い
した。4000 名の教員が対象で 1638 名（回答率 41%）が回答した。今回分析対
象とするのは、職階がわかっており、かつ講師以上の 1616 名である。回答
者の属性を**表 4-1** に示した。下段の平成 22 年度の学校教員統計調査（学部・

表 4-1　回答者の属性

●今回の分析データ

設置者	職階	性別	年齢
国立（22.6%）	教授（72.0%）	男性（80.3%）	39 歳以下（7.7%）
公立（7.8%）	准教授（22.6%）	女性（19.7%）	40 歳台（25.5%）
私立（69.6%）	講師（5.4%）		50 歳代（40.1%）
			60 歳以上（26.8%）

●大学全体の分布

設置者	職階	性別	年齢
国立（31.1%）	教授（55.0%）	男性（82.1%）	39 歳以下（12.1%）
公立（7.8%）	准教授（31.4%）	女性（17.9%）	40 歳台（29.6%）
私立（61.1%）	講師（13.6%）		50 歳代（32.6%）
			60 歳以上（25.7%）

大学院所属の本務教員で講師・准教授・教授を抽出後に算出）と比較すると、調査回答者の場合、設置者では国立が少なく私立が多め、職階では教授が多く准教授と講師が少なめ、年齢では 50 歳台が多く 39 歳以下や 40 歳台が少ないという偏りがある。

3　現在の意思決定に関する教員の関与

教授会に対する態度・評価

　現在の意思決定に関する教員の関与について、学部教授会と全学レベルの審議事項に分けてみていくことにする。まずは年間の教授会時間を**表 4-2** に示した。教授会の開催回数は、年 14.1 回程度、1 回あたり 2.1 時間程度が平均であり、年間の平均教授会時間は約 30 時間である。設置形態別にみれば、公立で最も長く、私立で短い。偏差値は低い大学で短く、高い大学で長い。学部規模は 19 名以下の小規模と 100 名以上の大規模で短い傾向があり、分野別にみれば、人文社会で長く、理工農で短い傾向があるなど、組織特性によっても教授会時間は異なっている。

　教授会に対する態度や評価は表 3 にまとめた。ほとんどの教員が教授会にもほぼ出席し、「教授会の意思に自分の意見が反映されている」(63%)、「十分に議論が行われる場である」(57%) とおおむね満足しているが、「委員会などに議論を委譲できる余地が大きい」(67%)、「発言者が偏り、議論が偏る」(48%)、「執行部からの要求や圧力で、自主的意思決定が制約」(35%)、「審議・決定した事項でも実行されない事がある」(22%) という批判的な意見を持つ者も少なくない。こうした意見と年間教授会時間との関連を見たところ、教授会時間が長い学部の教員ほど、十分に議論される場で、自分の意見が教授会の意思に反映されていると思う一方で、発言者が偏り議論が偏る不満を感じている。また、教授会時間が短い学部の教員ほど、重要案件を学長等が直接説明に来る、執行部の圧力等で、自主的意思決定に制約があると感じている傾向があることがわかった。教授会の実態も、大学や学部によってまちまちであることがあらためて確認できる。

全学レベルの意思決定

　事柄別に、教員が実質的に意思決定にどの程度、関与できているのかを尋ねたところ（**図4-1**）、カリキュラム編成、授業の割り当て、教員の採用・昇任については、8-9割の教員が関与できていると回答しているのに対して、ポスト分野の配分や全学共通教育では6割弱、大学の将来計画は45％、学内予算の配分では34％が関与していると回答している。教育の内容や人事についてはかなり関与しているが、全学的な方針、あるいは全学的な調整が必要な事柄については、関与の度合いが低い。

　では、そもそも、教員は全学レベルの審議事項にどの程度の関心があり、どの程度の情報を得ているのか（**表4-4**）。教育や研究については、6-8割の教員が強い関心を寄せて、ある程度の情報をほぼ全教員が得ているが、戦略企画、財務や人事については、強い関心を寄せるものは3-5割程度で決して高いとは言えず、結果的に、ほとんど情報を得ていない教員も2-4割程度いる。関心がなければ、情報を得る努力につながらないため、関心の有無がより重要である。詳しい結果は示さないが、全学レベルの情報を得る手段を、教授会、ホームページや学内広報、同僚との会話、全学の会議への直接出席の4つに分けて尋ねたが、いずれも詳しい情報を得ているほど活用しており、ほとんど情報を得ていないものはいずれの手段においても活用していない。

　なぜ全学の経営事項に関する教員の関心は低いのか。重回帰分析をしたところ（**表4-5**）、管理職経験については、部局長や全学管理職を経験することが全学問題への関心を高めている。全学の委員会の長や部局内役職（副学部長など）を経験しただけでは、それほど全学事項への関心は高まらないことが分かる。また、勤務先の大学を良くしていきたいという思いが強い教員ほど、全学問題への関心が強い。大学の選抜性については、偏差値が低い大学の教員ほど関心が高い。また学部内の問題について、カリキュラムや国際化などのプログラム問題、とくに、予算ポストの削減問題など、より教員自身の足元の問題があるほど、全学事項への関心が高まっていることがわかる。教授会運営との関係については、二変数のみを投入した。「十分に議論が行われる場」と感じている教員ほど、全学への関心もある程度は高まる。また、

「学長等が重要案件を直接、教授会に説明にくる」ことで、全学の経営事項への関心も高まる傾向が確認できる。

表4-2　年間の教授会時間（単位：時間）

設置形態 ***			偏差値 **			学部規模（専任教員数）***				専門分野 ***			
国立	公立	私立	40-49	50-59	60-	19名以下	20～49名	50～99名	100名以上	人文社会	理工農	保健生活	その他
31	35	29	25	32	36	25	31	30	29	33	24	30	27

注：*** は 1% 水準、** は 5% 水準、* は 10% 水準で有意である。以下同様。

表4-3　教授会に対する態度や評価（肯定回答の割合）

	肯定回答の割合	教授会時間との相関係数	
教授会にはほぼ出席している	96%	0.005	
学部長はリーダーシップを発揮している	81%	0.030	
委員会などに議論を委譲できる余地は大きい	67%	0.034	
教授会の意思に自分の意見が反映	63%	0.054	**
十分な議論が行われる場である	57%	0.206	***
積極的に発言している	52%	0.037	
重要案件は学長等が教授会に説明に来る	49%	-0.130	***
発言が特定の人に偏り、議論が片寄る	48%	0.102	**
執行部の圧力で、自主的意思決定に制約	35%	-0.064	**
審議・決定した事項が実行されない事がある	22%	0.019	

注：相関係数は、各設問に対する4件法による回答と年間教授会時間で算出した。

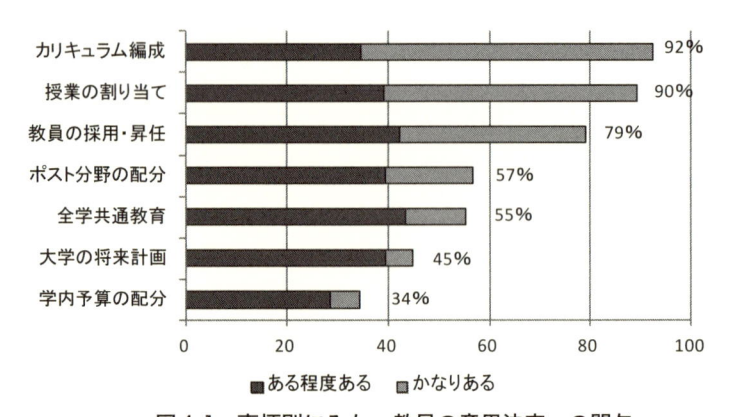

図4-1　事柄別にみた、教員の意思決定への関与

表 4-4　全学レベルの審議内容に対する、関心の程度と得ている情報

	関心の程度			得ている情報		
	強い関心	ある程度	ほとんどない	詳しく	ある程度	ほとんどない
教育・学生	79%	20%	1%	39%	58%	3%
学術・研究	64%	34%	2%	25%	68%	8%
戦略・企画	49%	47%	4%	14%	65%	21%
財務・施設	34%	59%	7%	8%	62%	31%
人事・労務	33%	57%	10%	9%	54%	37%

表 4-5　全学の経営事項への関心の規定要因（重回帰分析）

			ベータ	有意確率
	（定数）			***
個人特性	管理職経験	部局長全学管理職	0.249	***
		全学委員長学部内役職	0.066	
		その他委員	0.047	
		経験なし		
	勤務先の大学を良くしていきたい		0.189	***
組織特性	選抜性	低ランク (40-49)		
		中ランク (50-59)	-0.095	***
		高ランク (60-)	-0.084	**
	学内問題	学生問題	0.028	
		プログラム問題	0.059	**
		予算ポスト削減	0.086	***
	教授会評価	十分な議論が行われる場である	0.048	*
		重要案件は学長等が直接教授会に説明に来る	0.102	***
	F 値		22.242	***
	調整済み R2		0.135	

従属変数：全学レベル審議への関心（戦略・企画＋財務・施設＋人事・労務）

注：従属変数は、全学レベル審議への関心（戦略・企画＋財務・施設＋人事・労務）。勤務先の大学を良くしていきたい、教授会評価については、「1: そう思わない」「2: あまりそう思わない」「3: ある程度そう思う」「4: そう思う」の回答を用いた。学内問題の変数は、因子スコアを用いた[1]。

4　教員の意思決定参画の将来像とその規定要因

意思決定への参加の将来像

　現在の教員の意思決定への関与については、教授会の運営は大学による違いがあること、全学の意思決定については、関与の度合いもあまり高くなく、そもそも全学の経営事項に関する関心そのものが高くない傾向があった。では、将来については、どのように考えているのか。**図 4-2** には、図 4-1 で示した項目について、現在の関与の度合いと今後の関与について示した。将来の関与について、減らしたいと答える教員は数 % 程度であり、「増やすべき」でない場合は「現状でよい」と捉えられる。カリキュラム編成など、すでに教員の関与がかなりある分野では現状維持を望み、これまで教員の関与が小

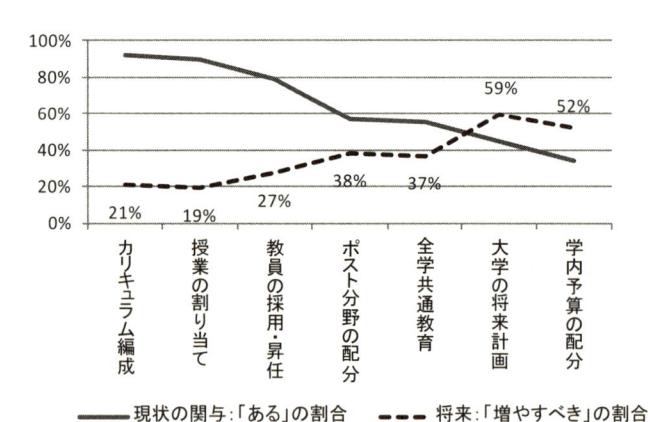

図 4-2　教員の意思決定への関与の現在と将来

表 4-6　将来の学部教授会のあり方と将来計画への関与（全体 %）

		大学の将来計画への関与		計
		増やす必要ない	増やすべき	
学部教授会の権限	縮小すべき	7%〈参加減少〉	9%〈参加の形を変える〉	16%
	縮小すべきでない	33%〈現状維持〉	50%〈参加拡大〉	84%
	計	41%	59%	100%

さい分野で、今後の関与を「増やすべき」と考える教員が多い。とくに大学の将来計画については、59% が教員の関与を増やすべきだと考えていることがわかる。

　他方、学部教授会の権限については、16% が「縮小すべきでない」と回答している。大学の将来計画への関与を増やすことと学部教授会の権限を縮小するという意見の関連性をクロス分析でみた結果が**表 4-6** である。カイ二乗検定の結果は有意でなく、この 2 つの意見は独立した意見といえる。4 つのタイプ別の割合に着目すると、学部教授会権限は減らさずに、大学の将来計画への関与を増やすべきという「参加拡大」の意見が、回答者の 50% と最も多い。教員の忙しさが増していることは先行研究でも指摘されていることであるが、さらに忙しくなるような方向性をなぜ教員自身が望んでいるのであろうか。

将来像の規定要因

　そこで、将来の意思決定への参加のあり方に何が影響を与えているのか、ロジスティック回帰分析から検討する（**表 4-7**）。従属変数は、①教授会の権限を縮小するか否か、②将来計画への教員関与を増やすべきか否かの二通りである。独立変数は、大学の組織特性から設置形態、学内問題、回答者の個人特性から、管理職経験、他機関の勤務経験、仕事の重視度、現在の大学運営に対する評価として教授会に対する評価と現執行部に対する評価を投入した。

　教授会の権限のあり方については、学内問題、管理職経験、本人の勤務経験、仕事の重視度、教授会評価の影響が確認された。具体的には予算ポストの削減問題がなければ、教授会縮小を支持する傾向があること、管理職については、部局長・全学管理職を経験している場合に、教授会縮小を強く支持すること、また政府機関や民間企業の勤務経験があるものは教授会縮小を支持している。結果は示さないが、勤務大学の数の多さ、海外大学での勤務経験、研究所での勤務経験は教授会の在り方に対して影響を与えていなかった。仕事の重視度については、社会貢献を強く意識している教員ほど、教授会縮小に肯定的である。教授会への評価については、「十分に議論できていな

表 4–7　将来の意見の規定要因（ロジスティック回帰分析）

従属変数		教授会の権限縮小すべき			将来計画への関与増やすべき		
		偏回帰係数	オッズ比		偏回帰係数	オッズ比	
設置形態	国立	0.203	1.226		-0.402	0.669	**
	公立	0.298	1.348		-0.505	0.603	**
	私立（基準）						
学内問題	学生問題	0.041	1.042		0.110	1.116	*
	プログラム問題	0.118	1.125		0.144	1.155	**
	予算ポスト削減	-0.142	0.868	*	0.240	1.271	***
管理職経験	部局長全学管理職	0.784	2.191	***	0.059	1.061	
	全学委員長学部内役職	0.210	1.234		-0.158	0.854	
	その他委員	0.159	1.173		-0.045	0.956	
	経験なし（基準）						
勤務経験	政府機関・民間企業勤務あり	0.409	1.506	***	-0.047	0.954	
仕事の重視度	学問上の成果を高める	-0.184	0.832		0.114	1.121	
	良い授業のため準備し、指導に力を入れる	-0.225	0.799		0.211	1.235	*
	社会の要請や問題解決に貢献する	0.200	1.222	*	0.197	1.217	**
教授会評価	十分な議論が行われる場である	-0.280	0.756	***	-0.097	0.908	
	教授会の意思に自分の意見が反映	-0.201	1.223	*	-0.101	1.107	
	委員会など議論を委譲できる余地は大きい	0.242	1.274	***	0.052	1.053	
	執行部圧力で自主的意思決定に制約がある	-0.077	0.926		0.200	1.221	***
執行部評価	ビジョン提示	0.160	1.174		-0.721	0.486	***
	強い執行力	-0.125	0.883		0.223	1.250	
	部局間調整	0.130	1.138		-0.083	0.921	
	構成員意見傾聴	0.180	1.197		-0.410	0.664	***
	大学の顔として	0.078	1.081		-0.155	0.857	
	自大学理解	-0.064	0.938		-0.162	0.850	
	定数	-2.292	0.101	**	0.634	1.886	
Cox & Snell R 2 乗		0.040			0.147		
Nagelkerke R 2 乗		0.068			0.198		
モデル適合度		p=0.000			p=0.000		
N		1,509			1,505		

注：仕事の重視度は、1（全く重視しない）〜4（とても重視する）、教授会評価は、1（そう思わない）〜4（そう思う）の 4 段階、執行部評価は、1（評価しない）〜3（とても評価する）の 3 段階である。

い」「自分の意見が教授会の意思に反映されていない」「委員会への議論の委譲の余地が大きい」など、現在の教授会運営に対して問題を感じている人ほど、教授会縮小を支持する傾向があることがわかった。執行部への評価は教授会の将来のあり方に対して影響はないようだ。

　大学の将来計画への教員関与については、設置形態、学内問題、仕事の重視度、教授会評価、執行部評価の影響がみられた。とくに、現在の執行部への評価と強い関連がある。順にみていこう。設置形態でみれば、私立大学の教員ほど将来計画へのさらなる関与を求めている。学内問題については、学生問題、プログラム問題、予算ポスト削減問題のいずれも、さらなる教員の関与を求める要因になっている。とくに予算ポストの削減問題がある場合は、より関与を求めている傾向がみられる。仕事の重視度については、教育と社会貢献を重視している教員ほど、大学の将来計画へのさらなる関与を求めている。教授会運営については、「執行部圧力で、自主的意思決定に制約がある」と感じている教員ほど、別の形での教員の参加として大学の将来計画への参加を求めている。現執行部への評価については、「ビジョンを示す」「構成員の意見に耳を傾ける」という 2 つの側面での評価が低い場合に、教員自身の参加を強く求める傾向がある。

教員の意思決定関与と大学経営の方向性

　以上は教員自身の意思決定への関与のあり方についての議論であるが、こうした意見の違いと、大学経営の方向性の関連性までを議論の視野に入れることが重要である。そこで、表 4-6 でみた 4 つの類型別に、望ましい大学経営全体の方向性をまとめた（図 4-3）。

　学長選挙については、教授会の権限を縮小させることに反対である「現状維持」「参加拡大」で現行に近い「学内教授からの選出」や「教員による学長選挙」を支持する意見が多い。学長選出への意見については現在の学長選考方法などとの関連も含めて [2]、別稿で詳しく検討する必要があるが、表 4-7 の結果をあわせて考えれば、現在持っている教員の権限を手放すことへの漠然とした不安がその背景にあるのではないかと推測できる。

　「全学的な観点からの学部長選出」については、教授会を縮小し、将来計画への関与を増やす「参加の形を変える」ことを望む教員が最も支持している。一方、教員参加で現状維持を望む教員は、学部長選出のあり方にも最も変化を求めていない。「学外者の経営参加」についても同様の傾向が確認で

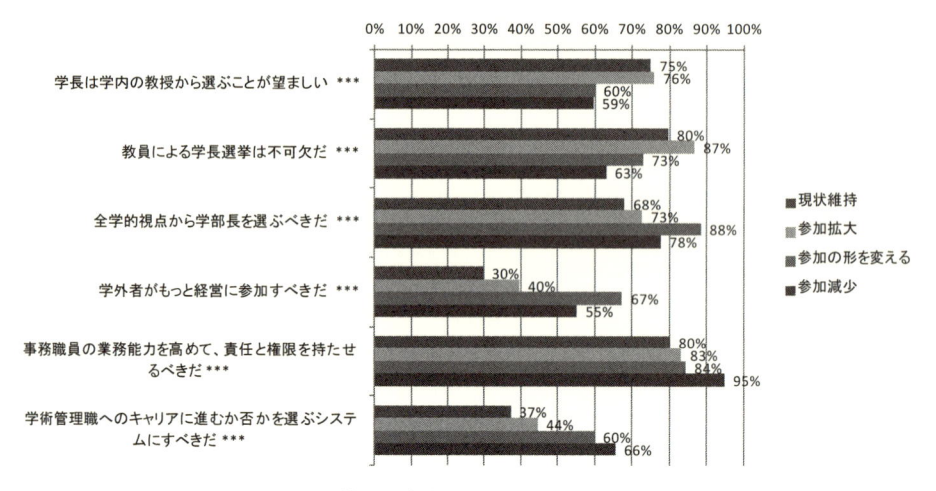

図 4-3　教員の参加類型と大学経営の方向性

きる。

　「事務職員の能力を高めて、責任と権限を持たせる」、「学長などの学術管理職へのキャリアに進むかどうかを選ぶシステムにする」については、「現状維持」で最も支持が少なく、「参加拡大」「参加の形を変える」「参加減少」の順に多くなっている。教授会権限を減らし、将来計画へも現状の関与でよいという教員は基本的に、大学の運営はその道のプロに任せるべきだという思いが強いようである。

　このように、教員自身が意思決定や運営にどのように関与していくべきかという意見と学長や学部長の選出方法、学外者や事務職員の経営参加のあり方に対する意見は、非常に関連が強いことが具体的に示された結果となった。

5　結　語

　以上の分析から明らかになった点をまとめておきたい。教員の意思決定への参加について、現状において、教授会にはほとんどの教員がほぼ出席している。十分に議論する場として機能していると感じる教員も多いが、議論の委譲の余地は大きい、執行部の圧力で自主的な意思決定に制約があるといっ

た問題点を感じる教員も一定数いることがわかった。また、全学的な議論については、教育研究以外の経営事項に対しては、そもそも一般教員の関心が高くなく、得ている情報も多くない。

　それにもかかわらず、将来に対しては、例えば大学の将来計画に対して、さらに教員関与を増やしたい教員が 6 割ほどであった。他方、教授会の権限を減らすことに賛成なのは 16% に過ぎず、さらなる参加拡大を求める教員が多いことがわかった。こうした意見の規定要因の結果、現在の大学運営に対する不満と学内問題の内容（予算ポスト削減という教員の理解に直接かかわる危機感の有無）がとくに大きな影響を与えていることが分かった。教授会への内部運営への不満があれば、教授会縮小に賛成し、執行部への不満が、自らの参加拡大を望む大きな要因になっている。とくに、ビジョン提示、構成員の意見傾聴の観点での現執行部への不満の高さから、「任せられない」「教員がもっと参加するしかない」という発想につながっていることが明らかになった。

　本章で明らかになった知見は、現在のガバナンス改革論にどのような含意をもたらすことができるだろうか。そもそもマネジメント上の問題点の根本原因をガバナンスの仕組み自体に一律的に求めることに無理があり、一体的な改革を考えていく必要があるが（篠田 2013）、教授会権限の縮小などの法改正によってガバナンス改革を断行しようとすれば、必然的に、強い執行力・権限を学長や執行部に持っていく方向を志向するであろう。しかしながら、多くの教員は執行部のビジョン提示や構成員の意見傾聴に不満があり、それがさらなる拡大要求につながっていた。執行部がさらなる権限・執行力をもったところで、全学的な改革推進につながる保証はない。むしろ学内のコンフリクトが大きくなる可能性もある。学内の立場によって意見が異なるのは当然であるが、それを所与とした上で、全学的改革推進のために、いかなる調整のしくみを学内で作り出すかが重要なのではないか。これはマネジメントの問題である。構成員に将来計画についての課題共有が進むほど、将来計画の実現性を高めていく上で良い効果がみられることもわかっている（両角 2013a）

　現在の議論では、学長等のリーダーシップの捉え方にやや偏りがあるように思われる。大場(2011)も参加と合意形成を促す双方向的リーダーシップの必要性を説いているし、アメリカでも academic leadership という場合、こうした意味で用いられているのが普通である(Birnbaum 1992)。こうしたリーダーシップが法改正や学内規程の改正だけからもたらされるとは考えにくい。そもそも教員は執行部に何を期待しているのか。「とても期待」は多い順に、「自大学理解」(70%)、「ビジョン提示」(62%)、「構成員意見傾聴」(62%)、「大学の顔」(51%)、「部局間調整」(50%)、「強い執行力」(49%)である。ビジョンを示し、意見を聞きつつ、強い執行力を持つリーダーである。こうした高い能力を持つ経営人材・学術リーダーをいかに育成するのかという議論も合わせて行う必要がある(両角 2013b)。日本ではアメリカとの対比で職員の専門職化を求める議論が多くあるが、むしろ専門職化が遅れているのは教員出身の管理職ではないだろうか。

　残された研究課題も多い。すべてを挙げることはできないが、例えば、現在のガバナンスのあり方、設置形態の違いや学長選考方法の違いなどが与える影響については、より丁寧に考察すべきである。また教員が全学事項に関心を持ち、勤務大学を良くしたいというモチベーションに何が影響を与えているのかも解明すべき重要な問いであり、続く第5章で検討する。

注

1　所属学部の課題について因子分析をした結果は下記の通りである。

	第一因子 学生問題	第二因子 プログラム問題	第三因子 予算ポスト削減問題
学生の確保	0.829	0.083	0.068
学生の休学・退学	0.803	0.073	0.065
学生の就職	0.739	0.159	0.013
カリキュラム改訂	0.167	0.770	-0.078
教育内容の標準化	0.143	0.773	0.007
国際化対応	-0.248	0.520	0.224
学部の改組再編	0.227	0.483	0.280
授業コマ数削減	0.164	0.456	0.382
教員ポスト削減	0.058	0.076	0.866
研究費・運営予算削減	0.009	0.088	0.861

2　将来の学長選考のあり方に対する意見は、当然のことながら、現在の学長選考方法によって異なっている。実質的に教員選挙で学長が決まっている大学の教員の 91% は、教員による学長選挙を不可欠だと回答しているが、選挙がない大学の教員では 68% となっている。

現在の学長選任方法	教員による学長選挙は不可欠だ
実質的に、教員の選挙で決まる（N=679）	91%
選挙はあるが、理事会や選考委員会で決まる（N=388）	84%
選挙はなく、理事会や選考委員会で決まる（N=562））	68%

第2部　学長たちはどう育ち、どう改革を　リードしているのか

第5章　大学教員から管理職へ
——教員の改革へのモチベーション

塩田邦成・両角亜希子

1　はじめに

　2014年2月、中央教育審議会は「大学のガバナンス改革の推進について」（審議まとめ）を発表した。審議まとめは、社会のグローバル化、イノベーションの必要性に対して大学が十分対応、貢献できていないとし、大学改革の必要性を主張する。そして大学改革を行うためには学長のリーダーシップが必要であるとし、その阻害要因として教授会の権限をあげて教授会権限の縮小を主張するとともに、学長を補佐する体制や経営人材の必要性を主張している。これを受けて学校教育法が改正され、学長の権限、教授会の役割などがあらためて定められた。

　大学改革の必要性は言うまでもないのだが、大学改革を推進する方策として今回の中教審の課題認識と政策選択は正しかったのだろうか。確かに学長のリーダーシップは必要であり、大学の意思決定過程における学長の権限と教授会の関与のあり方を整理することに、意味がないとは言わない。しかし、最も本質的なことは、大学の教員が大学改革の必要性を共有するとともに、教育・研究の直接の場で自発的に魅力的な教育・研究を実施することであり、さらに大学経営への関心と関与を高めていくことであると考える。そのために必要なマネジメントのあり方を開発することがより求められるのではなかろうか。

　そう考える時、教育・研究や大学経営・管理運営に関して、実際に教員の

意識、関心、モチベーションはどのようになっているのか、現状を把握する必要がある。本研究では、こうした問題意識から大学改革や教育・研究に対する教員のモチベーションの状況、それに影響を与える事項を分析し、大学運営のあり方に示唆を与えたい。

2　先行研究の検討

　大学改革、大学運営に関する研究は、大学組織や学長のあり方などに関する研究が先行していた。これに加えて、政府による最近の大学ガバナンス改革とも関連して、「教員自身が何を考え、何を望んでいるのか、それはなぜなのか。こうした理解の上に、ガバナンス改革の議論はなされる必要がある」（両角 2014、p.67）との問題認識から、大学改革、大学運営および教育・研究の直接の担い手たる教員に焦点を当てて意識や行動を理解する研究が課題となっている。

　教員研究は、大学教授職の成立過程や教員制度との関連、および国際比較などの方法によって成果を生んできており、例えば潮木（2009）は大学教員をめぐる問題、1）インブリーディングによる教員養成の実態、2）講座制によるポストの硬直化、3）助教授から教授へのほぼ自動的な昇任に見られる「ぬるま湯」状況、という日本の大学教員の実情を踏まえながら、大学教員の活性化への課題を問うている。

　大学教員理解の総合的な研究としては、有本らによる国際大学教授職調査による研究がある（有本 2008、2011）。1992 年と 2007 年に同じ大学を対象に、同じ質問紙を用いて 15 年間の経年的な変化を分析するとともに、諸外国の実態との比較も行っている。大学教員を社会的条件、社会的構造、社会的機能の中でとらえ、15 年間の大学教員の変化を「否定できない事実」とし、「知の共同体よりも知の企業体に見合う文化、風土、体質の醸成」に十分対応できていないとしている（p.347）。そして「専門職の追究を標榜する理念を見極めるとともに、その再構築を政策、システム、大学組織体をあげて遂行することによって、現状改革し、活性化すること」と述べ、社会的関係の中で大

学と教員が内発的に変化する必要性を指摘している (p.351)。

　国立大学法人化というガバナンスに関する政策動向の中での教員の意識と行動様式を検討するというアプローチもみられる。有本らによる成果 (2008) の中で、藤村は 2004 年の国立大学の法人化による大学ガバナンスの変化に着目して、新ガバナンスへの教員の戸惑いを調査結果から読み取り、大学の管理運営面と教員のモチベーションが関連することに着目している。「経営者にとって必要なことは『現場をよく知っている人』の協力を仰ぎ、意思決定のプロセスを共有することである」(p.165)、「組織のヒエラルキーは、下位者の協力によって成立する」(pp.165-166)、「『教員対管理者』という普遍的問題を解くカギは、教員に対する『信頼＝裁量性』の区間を広げることである」(p.166) と述べ、管理運営、特に学長・執行部と教員の関係とモチベーションに言及している。

　また藤村 (2011) は、有本 (2011) の国際比較の中で、日本の教員の特徴として「意思決定に際して同僚間のインフォーマルな調整」があること、「管理運営のフォーマルな能力開発が実施されていないこと」をあげて管理運営と教員の行動の特徴を指摘している (p.163)。

　さらに、羽田 (2014) は、アメリカでは古くからシェアド・ガバナンスと呼ばれるガバナンス形態が確立し、大学教員団の管理運営への参加が位置付けられてきたこと、およびユネスコにおいても教員の管理業務への参加の機会・権利が確認されていることを紹介しつつ、他方でわが国の法令では管理的業務は大学教員の職務と位置付けられていないと対比している。そのような中では「教員集団も、マネジメントの主体たりうるには、大きな問題がある」(p.56) として、大学教員の管理的業務への参加の理論的根元を問うている。しかし実態的には大学教員の管理的業務への参加は進んでおり、高等教育学会も『高等教育研究』で「大学教育のマネジメントと革新」を特集し、「政策レベルから授業レベルまでの各層の複雑で多様な実態をふまえた、大学教育マネジメントの可能性と限界を明らかにするとともに広く大学教育の革新の条件と方向性も浮き彫りにすることができれば」(p.8) との期待から分析を試みている。

　これらに対して、教員の関心や行動分析からの研究は未だ十分ではない。第 4 章でみたように、教員調査の分析からは、大学教員は全学の経営事項に

関心が低いにもかかわらず、将来の教員参加を求めていること、その背景に現在の大学経営への不満と学内問題の内容が影響を与えていると明らかになっている。

　こうした研究は、大学改革やガバナンスの変更という社会的状況の中で、教員の意識や行動選択がどのようなものであるかを理解しようとするものであり、その際に教員の何らかの内発的な動機付けとの関連を読み取ろうとするものといえよう。

　こうした教員の意識と行動の変化を、天野 (2013) は教員のアカデミック・プロフェッションとしての責任と自覚の問題として指摘している。この分野の研究は、まだ十分なされているとは言い難いのだが、研究方法においても、日本の大学教員全体を対象とするものにとどまっている。2015 年度、大学教員数は、182,728 名 (本務教員数。平成 27 年度「学校基本調査速報」、文部科学省) を数える。准教授・助教制度の発足、任期制教員や実務家教員の拡大など、大学教員は多様化しており、すでに同質的ではない。このような教員をひとくくりにして大学改革や大学経営・管理運営に対する意識や行動様式の特徴を述べることにも無理があると思われる。

3　本研究の課題──分析の枠組みと方法

　本研究ではこうした先行研究を踏まえて、以下のことを明らかにする。

　第一に、教員が多様化していることから、教員の教育・研究、大学経営・管理運営それぞれへの重点の置き方に着目してタイプ分けを行う (第 4 節)。

　第二に、教員のタイプ分けに影響を与える大学運営上の規定要因は何かを分析する。大学改革の方向や方法、大学運営のあり方、組織風土などを変数とし、教員のタイプ分けとの関係をまとめる (第 5 節)。

　最後に、教員の管理職就任に対する意識状況を分析する。教員として大学改革や大学運営へ直接関与する機会のひとつに管理職への就任があるが、教員は管理職就任にどの程度積極的で、どのような条件の下でこれを引き受けるのか、また管理職像としてどのようなものを持っているかを分析する (第 6 節)。

用いる調査

　分析には東京大学大学院教育学研究科大学経営・政策研究センターが実施した「大学における意思決定と運営に関する調査（教員編）」（教員調査）を用いる。同調査は大学の専任教員を対象に、大学における意思決定と運営についての実態や意見を把握することを目的に実施されたものであるが、教員のモチベーションに関連する調査項目も多数含まれている。

　同調査の調査概要および本研究で使用する変数のリストと基本統計量は下記の通りである。

〈調査概要〉

　　調査方法　大学への郵送による調査依頼

　　調査時期　2013 年 2 月

　　回答状況　調査票配布、4,000 名。回答者、1,689 名（回収率、42.2%）

〈変数リスト〉

教員のタイプ分け（大学の教員として重視したい活動）	個人研究や共同研究を通じて学問上の成果を高める	全く重視しない＝1、あまり重視しない＝2、ある程度重視する＝3、とても重視する＝4
	よい授業を行うために準備し、学生の学問上の指導に力を入れる	
	管理的な仕事を通じて学内の日常の運営に寄与する	
	委員会活動などを通じて大学の将来計画の立案や改善に努力する	
大学の属性	国公立大学ダミー（基準＝私立大学）	国公立大学＝1
	大規模大学ダミー（基準＝小・中規模大学）	（学部数が）3 学部以上＝1
	選抜性	偏差値数値
個人の属性	教授・准教授ダミー（基準＝講師・助教・助手）	教授・准教授＝1
	年齢	20 歳台＝1、30 歳台＝2、40 歳台＝3、50 歳台＝4、60 歳台以上＝5
	勤務大学での勤務年数	3 年未満＝1、3 年以上 5 年未満＝2、5 年以上15 年未満＝3、15 年以上＝4
	任期付ダミー	任期あり＝1
大学の現状評価	勤務先の大学の改革の方向性は正しい	そう思わない＝1、あまりそう思わない＝2、ある程度そう思う＝3、そう思う＝4
	学長を中心とした執行部の活動に満足	
	教員と執行部の意思疎通はよい	
	執行部からの要求や圧力で部局の自主的な意思決定が制約	あてはまらない・該当せず＝1、あまりあてはまらない＝2、ある程度当てはまる＝3、あてはまる＝4
	学部長はリーダーシップを発揮	
	重要案件は学長等の役員が直接教授会で説明	
学長・役員選出方法	教員による学長選挙は不可欠	そう思わない＝1、あまりそう思わない＝2、ある程度そう思う＝3、そう思う＝4
	学術管理職へのキャリアに進むか否かを選ぶシステムにすべき	

学長・執行部 への期待	学長・執行部の垂直機能に期待	「ビジョンを示すこと」「強い実行力を持つこと」「大学の顔としての役割を果たすこと」の変数の数値（あまり期待しない＝1、ある程度期待する＝2、とても期待する＝3）を合計して、1-3 ＝ 1、4-6 ＝ 2、7-9 ＝ 3 と recode。
	学長・執行部の水平機能に期待	「部局間の調整すること」「構成員の意見に耳を傾けること」「自大学の状況をよく理解していること」の変数の数値（あまり期待しない＝1、ある程度期待する＝2、とても期待する＝3）を合計して、1-3 ＝ 1、4-6 ＝ 2、7-9 ＝ 3 と recode。
組織風土	教職員が共通の目標に向かって行動することを重視	そう思わない＝1、あまりそう思わない＝2、ある程度そう思う＝3、そう思う＝4
	構成員の個人的・専門的成長を重視	
	専攻・コース内の人間関係は円滑	
	相談できる教員仲間や事務職員の存在	
	公平で平等な手続きを重視	
関心事項・ 行動選択	勤務先の大学を良くしていきたい	そう思わない＝1、あまりそう思わない＝2、ある程度そう思う＝3、そう思う＝4
	自学部への関心／数年後には所属学部は統廃合される	
	人材育成状況への関心／将来を背負っていく人材が育っている	
	将来管理職に就くことを求められたら引き受ける	

〈基本統計量〉

		有効度数	平均値	標準偏差	最小値	最大値
教員のタイプ分け （大学の教員として 重視したい活動）	個人研究や共同研究を通じて学問上の成果を高める	1361	3.57	0.560	1	4
	よい授業を行うために準備し、学生の学問上の指導に力を入れる	1361	3.61	0.509	1	4
	管理的な仕事を通じて学内の日常の運営に寄与する	1353	2.61	0.714	1	4
	委員会活動などを通じて大学の将来計画の立案や改善に努力する	1358	2.77	0.675	1	4
大学の属性	国公立大学ダミー（基準＝私立大学）	1369	0.31	0.462	0	1
	大規模大学ダミー（基準＝小・中規模大学）	1369	0.73	0.442	0	1
	選抜性	1319	52.66	6.952	40	73
個人の属性	教授・准教授ダミー（基準＝講師・助教・助手）	1369	0.93	0.260	0	1
	年齢	1357	3.74	0.904	1	5
	勤務大学での勤務年数	1359	3.04	0.950	1	4
	任期付ダミー	1361	0.20	0.399	0	1
大学の現状 評価	勤務先の大学の改革の方向性は正しい	1356	2.54	0.763	1	4
	学長を中心とした執行部の活動に満足	1365	2.35	0.815	1	4
	教員と執行部の意思疎通はよい	1361	2.27	0.772	1	4
	執行部からの要求や圧力で部局の自主的な意思決定が制約	1328	2.19	0.911	1	4
	学部長はリーダーシップを発揮	1329	3.07	0.830	1	4
	重要案件は学長等の役員が直接教授会で説明	1332	2.41	1.084	1	4
学長・役員 選出方法	教員による学長選挙は不可欠	1360	3.30	0.846	1	4
	学術管理職へのキャリアに進むか否かを選ぶシステムにすべき	1351	2.45	0.794	1	4
学長・執行 部への期待	学長・執行部の垂直機能に期待	1348	2.66	0.524	1	3
	学長・執行部の水平機能に期待	1346	2.77	0.451	1	3
組織風土	教職員が共通の目標に向かって行動することを重視	1369	2.64	0.759	1	4
	構成員の個人的・専門的成長を重視	1367	2.65	0.782	1	4
	専攻・コース内の人間関係は円滑	1366	2.90	0.727	1	4
	相談できる教員仲間や事務職員の存在	1367	3.32	0.696	1	4
	公平で平等な手続きを重視	1368	2.84	0.732	1	4
関心事項・ 行動選択	勤務先の大学を良くしていきたい	1369	3.63	0.484	3	4
	自学部への関心／数年後には所属学部は統廃合される	1355	2.30	0.980	1	4
	人材育成状況への関心／将来を背負っていく人材が育っている	1358	2.36	0.733	1	4
	将来管理職に就くことを求められたら引き受ける	1365	2.54	0.901	1	4

分析対象

例外と思われる事例やバイアス要因を取り除いて分析対象を設定する。

まず、勤務先の大学の改革に対する教員の一般的な態度をみておく。調査票には、職場へのコミットメントに関して、「勤務先の大学を良くしていきたい」と考えるかどうかの設問がある。**表5-1**の「合計」欄に示したが、この問いに対して「そう思う」「ある程度そう思う」と回答した割合は、それぞれ62.9%、33.7%で、合計96.6%である。他方、「そう思わない」「あまりそうは思わない」との回答はそれぞれ0.9%、2.5%で、かなり例外的と考えられる。

ほとんどの教員は「勤務先の大学を良くしていきたい」と考えていると理解できるが、本人の経歴のうち、現職場ですでに管理的な職務を経験している場合とそうでない場合、そのモチベーションの現れ方には差異があると考えられる。回答者の中で、勤務先の大学で全学的な意思決定に関わる役職または部局の管理的役職を経験した教員は245名であった。これらの教員は上位の意思決定に関わる管理職経験者と言える。全回答者の約15%を占めている。また、表5-1ではこの層の「勤務先の大学を良くしたい」に対して「そう思う」比率は教員全体と比べて約15ポイント高く、上位の意思決定に関わった経験のない教員と比べると約17ポイント高い。役職経験有無のモチベーションに与える影響は、一般の教員のモチベーションを分析するにあたって適切性に問題があるため除外するのが望ましい。以上から、今回の分析対象者を1,419名とする。

表5-1 上位意思決定に関わる役職経験と大学改革への意識

（勤務先大学を良くしたい、クロス集計）（人数、%）

	勤務先の大学を良くしていきたい				合計
	そう思わない	あまりそう思わない	ある程度そう思う	そう思う	
上位意思決定に関わる役職経験なし	14	36	513	856	1419
	1.0%	2.5%	36.2%	60.3%	100.0%
上位意思決定に関わる役職経験あり	1	6	48	190	245
	0.4%	2.4%	19.6%	77.6%	100.0%
合計	15	42	561	1046	1664
	0.9%	2.5%	33.7%	62.9%	100.0%

P=0.000

4　教員のタイプ分け

　Charles Walker (2008) によれば、教員のモチベーションに影響を与える変数には、個人レベルのものと組織レベルのものがあり、それらは相互に関連するとしている。本研究では、調査票の設問、「あなたは大学の教員の仕事として、次の活動をどの程度、重視したいと思っておられますか」を使い、教員に内在する個人レベルの動機と組織レベルの動機のどちらに重点を置いているかみてみる。

　個人レベルの動機として、「個人研究や共同研究を通じて、学問上の成果を高めること」「よい授業を行うために準備し、学生の学問上の指導に力を入れること」を、組織レベルの動機として「管理的な仕事を通じて学内の日常の運営に寄与すること」「委員会活動などを通じて大学の将来計画の立案や改革に努力すること」への回答状況を使う。この定義に基づいて個人レベルの動機と組織レベルの動機の関連をクロス集計した (**表 5-2**)。

　個人レベルへの関心は当然ながら高く、76.6% の教員が教育・研究活動を「とても重視する」と回答している。これに組織レベルの動機を組み合わせると、個人レベルと組織レベルの動機の関連は以下のような結果になった。

表 5-2　教員の関心事項

(個人レベル、組織レベル別のクロス) (人数、全体 %)

		組織レベル (管理職として日常運営、委員会等で将来計画や改革)			
		全く・あまり重視しない	ある程度重視する	とても重視する	合計
個人レベル (教育・研究)	全く・あまり重視しない	1	0	0	1
		0.1%	0.0%	0.0%	0.1%
	ある程度重視する	100	195	20	315
		7.4%	14.5%	1.5%	23.4%
	とても重視する	266	620	146	1032
		19.7%	46.0%	10.8%	76.6%
	合計	367	815	166	1348
		27.2%	60.5%	12.3%	100.0%

P=0.001

① 組織レベルの動機は強い（「ある程度重視する」「とても重視する」）が、個人レベルの動機は弱い（「全く・あまり重視しない」）教員は存在しない。

② 組織レベルの動機も個人レベルの動機も弱い（「全く・あまり重視しない」）に該当するものは 0.1% であり、ほとんど存在しないとみて良い。

③ 組織レベルの動機は弱い（「全く・あまり重視しない」）が、個人レベルの動機は強い（「ある程度重視する」「とても重視する」）に該当する者は、27.2% 存在する。このタイプの教員を「教育・研究のみ重視する層」とする。

④ 組織レベルの動機も個人レベルの動機も強い（「ある程度重視する」「とても重視する」）に該当する者は二層に区分できる。

個人レベルを「ある程度重視する」「とても重視する」し、組織レベルを「ある程度重視する」者は 60.5% である。このタイプの教員を「平均的な層」とする。

個人レベルを「ある程度重視する」「とても重視する」とし、組織レベルを「とても重視する」者は 12.3% である。このタイプの教員を「経営・管理も重視する層」とする。

以上から、教員の個人レベル、組織レベルの動機別に、教員は「教育・研究のみ重視する層」、「平均的な層」、「経営・管理も重視する層」としてタイプ分けできた。大学経営に関する調査を目的としたものへの回答であるため、必ずしも教員全体の傾向を示すものとは言い切れないが、今回調査においては各タイプの比率はほぼ、3 対 6 対 1 である。

教員は当然に教育・研究に大きな関心を払っており、教育・研究の面で大学に貢献することが求められている。しかしながら、大学全体の戦略や方向性に全く関心を持ってないようだと困る。大学経営や管理運営にもある程度の関心を持つよう、モチベーションを高めていくことは大学改革にとってプラス要因になり、学長・執行部にとって好ましいことである。さらに教員にとっても、経営や管理に関心を持って行動することは自らの教育・研究条件を改善していくことにもつながる。学長・執行部にとっても教員にとっても「平均的な層」や「経営・管理も重視する層」を拡大することの意味は大きく、

本研究ではその層をどのようにすれば拡大できるのか、という視点を重視して次節以降、分析を行う。

5　教員のタイプを規定する要因

　続いて教員をタイプ分けする大学運営と関わる規定要因について、多項ロジット分析を使って分析する。教員のモチベーションに影響を与えると考えられる変数として、大学の属性（設置形態、大学規模、選抜性）、個人の属性（職位、年代、勤務年数、任期の有無）、学長・執行部の行動に対する意識や評価、組織風土を表すものを使用する。**表5-3**がその分析結果である。

　大学の属性と教員のタイプ分けの関連では、「経営・管理も重視する層」において大規模大学ダミー、選抜性が、「平均的な層」において国公立大学ダミー、大規模大学ダミー、選抜性に関連がみられた。大学規模が大きく、選抜性が高いほど「経営・管理も重視する層」と「平均的な層」が少ない傾向が見られる。「平均的な層」は国公立大学で増加が見られる。国公立大学、大規模大学、選抜性が高い大学では経営問題が顕在化しにくいため、「教育・研究のみを重視する」教員が多くなるのであろう。

　個人の属性については「経営・管理も重視する層」「平均的な層」において任期の有無との関係がみられた。テニュアの教員よりも任期付き教員の方が「経営・管理も重視する層」「平均的な層」とも多い。任期付き教員の場合、大学の経営状況や学内で任期制教員制度がどのように運用されるかが自身のポストに直結することの影響かも知れないが、今回の調査結果をもって任期制教員の経営・管理への関心を解釈するのは限界がある。

　大学の属性と個人の属性は、大学の組織運営や教員の努力によって短い期間で変化させることが困難な変数である。こうした変数は「与件」としてとらえ、別の要素―大学運営への意識状況とタイプ分けの関係を検討する方が実際的であろう。

　では、大学運営と関わる項目をみていくことにする。

　まず、学長・執行部の行動について、「経営・管理も重視する層」、「平均

的な層」とも「勤務先大学の改革の方向性は正しい」と考え、「重要案件は学長等の役員が直接教授会の場で説明」しているほど多い関係がみられる。大学運営の方向として、重要事項は丁寧な合意プロセスを踏み、改革の方向性についての確信を共有することが「経営・管理も重視する層」や「平均的な層」の拡大に意味があることがわかる。

表5-3　教員のタイプを分ける規定要因（多項ロジット分析）

		経営・管理も重視する層			平均的な層		
		B	オッズ比		B	オッズ比	
大学の属性	国公立ダミー	.271	1.311		.606	1.832	***
	大規模大学ダミー	-.860	.423	***	-.360	.698	*
	選抜性	-.067	.935	***	-.034	.967	***
個人の属性	教授・准教授ダミー	.082	1.085		-.033	0.967	
	年齢（年代）	-.048	.953		-.040	.960	
	現勤務大学での勤務年数	.161	1.175		-.043	.958	
	任期付ダミー	.791	2.206	***	.372	1.451	*
学長・執行部の行動	勤務先の大学の改革の方向性は正しい	.480	1.616	**	.377	1.458	***
	執行部からの要求や圧力で部局の自主的な意思決定が制約	.014	1.015		.061	1.063	
	学部長はリーダーシップを発揮	-.179	.836		-.013	.987	
	重要案件は学長等の役員が直接教授会の場で説明	.263	1.301	**	.134	1.144	*
	学長を中心とした執行部の活動に満足	-.021	.979		.006	1.006	
	教員と執行部の意思疎通はよい	-.064	0.938		-.018	.982	
組織風土	教職員が共通の目標に向かって行動することを重視	.794	2.212	***	.225	1.253	**
	構成員の個人的・専門的成長を重視	.305	1.356	*	.164	1.179	
	専攻・コース内の人間関係は円満	-.277	.758		-.044	.957	
	相談できる教員仲間や事務職員の存在	1.279	3.593	***	.356	1.428	***
	公平で平等な手続きを重視	.236	1.266		-.144	.866	
	（切片）	-5.737			0.036		

*=10%有意、**=5%有意、***=1%有意。

Cox と Snell R2乗	0.161
Nagelkerke R2乗	0.192
モデル適合度	P=0.000
N	1228

参照カテゴリは「教育・研究のみ重視する層」。

　組織風土については、「経営・管理も重視する層」においても「平均的な層」においても、「教職員が共通の目標に向かって行動することを重視」（課題共有力）、「相談できる教員仲間や事務職員の存在」（同僚コミュニケーション力）の影響がみられる。「経営・管理も重視する層」では、「構成員の個人的・専門的成長を重視」（成長促進力）との関連もみられる。特に「経営・管理も重視する層」の同僚コミュニケーション力のオッズは極めて高く、有効であることがわかる。

　このように、「教育・研究のみを重視する層」を基準とした時には、「経営・管理も重視する層」、「平均的な層」との差異は明らかであり、経営や管理に少しでも関心を持つ層を増加させる上で何が必要であるか、明確になったと言えよう。一方、「経営・管理も重視する層」と「平均的な層」はほぼ同じ傾向を示し、良い組織風土を構築できている大学で、「経営・管理も重視する層」「平均的な層」を増やすことに成功していると言える。

　学長・執行部の行動と組織風土に関する分析結果を総合すると、大学における組織構築の方向として、重要事項は丁寧な合意形成プロセスを踏むこと、教職員が共通の目標に向かって行動できるようベクトル合わせを行うこと、相談できる教員や事務職員の良いコミュニティを建設・運営するように務め、教員の成長を考慮することが、経営や管理・運営への関心を高める上で有効だとわかる。これらは学長・執行部によるところが大きく、その力量が問われるところと言える。

6　管理職像と管理職を引き受ける条件

　「経営・管理も重視する層」の拡大のために学長・執行部が取り組むべき方向はわかったが、学長・執行部の期待としては、この層の中から将来の管理職が輩出されることにあるだろう。東京大学大学院教育学研究科大学経営・政策研究センターが大学の上級管理職を対象に 2015 年 2 月に実施した、「大学上級管理職の現状と将来展望に関する調査」で、大学内で大学経営の担い手が育っているか、との問いに、「大いにそう思う」「ある程度そう思う」と

表5-4　上級管理者による大学経営人材育成状況に対する認識

%

	まったくそう 思わない	あまり そう思わない	どちらとも 言えない	ある程度 そう思う	大いに そう思う
大学経営を背負っていく人材 が学内職員の中で育っている	3.5	23.4	35.7	33.8	2.0
大学経営を背負っていく人材 が学内教員の中で育っている	3.4	26.6	37.9	28.4	1.9

「大学上級管理職の現状と将来展望に関する調査」（東京大学大学院教育学研究科大学経営・政策研究センター、2015 年 2 月）調査結果から引用。

肯定的に捉えている割合は、教員においては 30.3%、職員では 35.8% のみである。多くの上級管理者は、将来の経営人材が育っていないと感じていることがわかる（**表5-4**）。

　では、一般の教員で、自ら管理的業務を担当して大学運営への関与という行動を選択する意向がある教員はどのくらい存在し、それらの教員はどのような管理職像を持ち、どのような条件の下で管理職就任を受諾するのであろうか。

将来の管理職オファーへの態度

　まず、どのくらいの教員が将来の管理職オファーに受諾の意向を持っているかみておこう。**表5-5** は「将来管理職に就くことを求められたら引き受けるだろう」との設問への教員タイプ別の回答状況である。「そう思う」は「経営・管理も重視する層」で 43.0%、「教育・研究のみ重視する層」は 2.5% であり、当然のことながら「経営・管理も重視する層」において、受諾の意向を示す比率が格段に高くなっている。同時に指摘しておきたいのは、「ある程度そう思う」「そう思う」を足した数値では、「教育・研究のみ重視する層」でも 28.1%、「平均的な層」では 61.0% となっており、経営・管理にそれほど関心がない場合にも管理職を引き受ける意思があるようである。

表 5-5　「将来管理職就任を求められたら引き受ける」

（教員のタイプ別クロス）（人数、%）

	そう思わない	あまりそう思わない	ある程度そう思う	そう思う	合計
教育・研究のみ重視する層	116	148	94	9	367
	31.6%	40.3%	25.6%	2.5%	100.0%
平均的な層	74	243	395	101	813
	9.1%	29.9%	48.6%	12.4%	100.0%
経営・管理も重視する層	8	22	64	71	165
	4.8%	13.3%	38.8%	43.0%	100.0%
合計	198	413	553	181	1345
	14.7%	30.7%	41.1%	13.5%	100.0%

P=0.000

管理職受諾の条件

　しかしながら、同じように「将来管理職を引き受ける」と回答していても、引き受ける際の条件やイメージする管理職像などが異なっているのではないだろうか。

　表 5-6 は、将来の管理職就任受諾の意向を従属変数に、大学の属性（設置形態（国公立大学ダミー）、大規模大学ダミー、選抜性、個人の属性（教授・准教授ダミー、年齢、勤続年数）、大学の現状評価（勤務先の改革の方向性、所属学部統廃合への認識、将来の人材の育成状況）、学長・執行部への期待、役職者像（選出方法等）および経営や管理の関心への規定要因で有意であった組織風土に関する変数（課題共有力、同僚コミュニケーション力）を説明変数として教員タイプ別に重回帰分析を行ったものである。

　大学の属性では、いずれの層においても有意な関係はみられなかった。

　個人の属性では、「平均的な層」においてのみ有意な変数が確認でき、教授・准教授は増加し、年齢が上がるほど減少している。職位が上がるほど管理職を受け入れることを了解するが、ある年齢を超えると「もういいだろう」という意識が働いている可能性がある。

　大学の現状評価では、「平均的な層」において、勤務先の改革の方向性は正しいと考え、将来の人材が育っていると評価する場合に管理職就任を受諾する傾向がみられる。表 5-5 でみたように、「平均的な層」は約 6 割の教員が

表5-6　「将来管理職就任を求められたら引き受ける」要因

（重回帰分析）

		経営・管理も重視する層		平均的な層		教育・研究のみ重視する層	
		ベータ	有意確率	ベータ	有意確率	ベータ	有意確率
	（定数）		.722		.001		.035
大学の属性	国公立大学ダミー	.085	.372	.033	.475	.078	.250
	大規模大学ダミー	.029	.715	-.028	.453	.047	.418
	選抜性	-.027	.782	.029	.547	.083	.263
個人の属性	教授・准教授ダミー	.051	.573	.069 *	.082	-.057	.338
	年齢（年代）	.008	.928	-.100 **	.015	-.105	.101
	現勤務大学での勤務年数	-.071	.440	.012	.754	.065	.299
大学の現状評価	勤務先大学の改革の方向性は正しい	-.034	.719	.102 **	.013	.016	.785
	数年後には所属学部は統廃合される	-.100	.290	.036	.359	-.016	.790
	将来を背負っていく人材が育っている	-.115	.232	.084 **	.037	.031	.611
学長・執行部への期待	学長・執行部の垂直機能に期待	.205 **	.049	.052	.225	.007	.915
	学長・執行部の水平機能に期待	.037	.714	-.056	.185	.111	.077
役職者像	教員による学長選挙は不可欠	-.031	.700	.006	.867	-.055	.335
	学術管理職へのキャリアに進むか否かを選ぶシステムにすべき	.057	.472	.036	.316	.007	.898
組織風土	教職員が共通の目標に向かって行動することを重視	-.011	.901	.033	.389	.054	.328
	相談できる教員仲間や事務職員の存在	.326 ***	.000	.100 ***	.007	-.072	.210

従属変数=将来管理職に就くことを求められたら引き受ける
*=10％有意、**=5％有意、***=1％有意。

F値	2.345		3.171		1.388
調整済み R2 乗	0.115		0.041		0.017
有意確率	0.005		0.000		0.151

管理職をオファーされた際の就任可能性に「そう思う」「ある程度そう思う」と回答している。大学の役職、管理職の「回り具合」の実態からみれば、管理職就任に積極的ではないが、任命、輪番等によって引き受けざるを得ない場合を覚悟している層とも考えられるが、引き受ける場合も、正しい改革の方向が示されており、人材が育っているという環境の中でなら、という、条件面を考慮するものと思われる。同時に、困難な経営環境に陥った場合、優秀な人材が流出してしまった場合などの状況下では、管理職就任のモチベー

ションは下がるというリスクにつながりかねないことも指摘できるだろう。これに対して、「管理・運営も重視する層」では、勤務先の現状評価は有意ではなく、組織がいかなる状況かにかかわらず、引き受けるかどうかを決定する傾向がある。

　組織風土については、「経営・管理も重視する層」「平均的な層」とも、特に同僚コミュニケーション力が管理職就任受諾に正である。良好なコミュニティの形成は管理職育成においてもプラスの影響を与えている。

　なお、「教育・研究のみ重視する層」は有意確率に問題があるため、説明は困難である。

学長・執行部への期待と役職者像

　学長・執行部にはリーダーシップが求められているのだが、リーダーシップ発揮のあり方には二通りがある。ここでは、「ビジョンを示すこと」「強い実行力を持つこと」「大学の顔としての役割を果たすこと」など、学長・執行部が組織の頂点にある者としての統率力、象徴力のようなものをリーダーシップとして発揮する機能を「垂直機能」と定義する。そして、「部局間の調整をすること」「構成員の意見に耳を傾けること」「自大学の状況をよく理解していること」といった組織の隅々まで把握するリーダーシップを「水平機能」と定義する。

　「経営・管理も重視する層」において、学長・執行部の垂直機能への期待は将来の管理職就任受諾の意向に正の影響を与えている。これは自身が学長・執行部に就任した場合に発揮したい機能を表すのか、自身が管理職として仕事がしやすいように、学長・執行部に垂直機能を期待するのか、この調査では読み取れないが、何れにしても管理職就任を受諾する層は学長・執行部の垂直機能への期待は高いと言える。「平均的な層」や「教育・研究のみ重視する層」の場合、こうした関係が見られない。

7　結論と今後の課題

　本研究の目的は、教員の大学改革や大学経営、管理・運営へのモチベーションの状況を把握し、それぞれへの重点の置き方に着目してタイプ分けを行うこと、タイプ分けに影響を与える大学運営上の規定要因の解明、管理職就任に対する意識状況の分析であった。

　「勤務先の大学を良くしたい」「将来の管理職就任受諾」などの観点から見た場合、この調査に回答した層に偏りがありうることに留意する必要があるものの、大学教員の大学改革や大学経営・管理に対するモチベーションは全体的には低くないことがわかった。

　大学改革や大学運営へのモチベーションをより高めていく上では、意思決定における手続きの丁寧さや、同僚性を有効に機能させる良い組織風土の醸成が効果的であり、学長・執行部の力量の違いが影響を与えている可能性があるとの示唆が得られた。

　「平均的な層」もそれなりに管理職を引き受ける意思は持っているのであるが、勤務先大学の状況が悪くない等の一定の条件がある場合にのみ引き受ける意思を持っていることがわかった。

　この結果に対して、学長・執行部の課題は次のようなものになるだろう。

　まず、教員が全体として大学をよくすることや管理職への就任に肯定的な状況に依拠し、その層を拡大し、将来の管理職人材を準備するような人材マネジメントを行うことである。さらに、大場 (2011) が、リーダーシップが組織文化に決定的な影響を与える (p.267) と指摘したように、同僚性コミュニティを構築し、うまく機能させるなど、良い組織風土を形成する組織マネジメントを行うことである。

　さて、第5節でみたように、教員は、日常の大学運営においては学長・執行部には丁寧な大学運営等、水平機能を求めるが、自身が管理職を受諾する場合は学長・執行部の垂直機能に期待するという認識の矛盾が見られた。このような実態のズレはどのような理由によって生じているのであろうか。この点を明らかにすることが今度の課題である。

　冒頭、本研究の問題意識において、改正学校教育法型の学長・執行部のあり方、組織運営方法の適切性を問うた。学長・執行部の役割として本研究で明らかになったことは、学長・執行部の強い権限によるトップ・ダウンによる大学運営ではなく、高いマネジメント能力の必要性であり、その能力が発揮された時の有効性である。この背景にある学長の役割認識として、権限の強化(ヘッドシップ)とリーダーシップの概念が混乱しているのではないだろうか。学長・執行部の役割は組織論の視座に加えて、教員の意識実態との関係で論じる必要があるだろう。

第6章　学長の属性と大学経営への影響

平本早雪・王帥・両角亜希子

1　はじめに

　18歳人口の減少や国境を越えた大学間の競争等、大学全体を取り巻く環境の変化を背景に、学長の役割も、大学運営の調整役から大学経営のリーダーに変化することが求められるようになってきた。2015年には改正学校教育法が施行され、学長がリーダーシップを発揮して迅速に大学改革を推進できるよう、教授会の役割が明確化されるとともに、学長の権限が強化された。

　このように、大学経営において学長に求められる役割は今まで以上に大きく、重要になっている。学長が実際にこれらの増大する役割を果たすためには、学長のタイプや位置付けが各大学の特性によって異なることを踏まえ、それぞれの大学に適した形で学長の職務遂行がなされることが不可欠となる。つまり、「どのような学長」が「いかなる組織」において、「どういった職務を果たす」のかという観点から、これからの学長の役割を考える必要があると言える。そのためには、具体的に、学長のタイプによって大学経営への関わり方がどのように異なるのかを明らかにすることが重要となる。また、これらを明らかにすることは、学長をはじめとする大学経営人材を組織的に育成する観点からも意味がある。なぜなら、学長の役割が変化すれば求められる能力や経験も変化し、学長候補となる人材の育成方法も見直しが必要となるからだ。

　そこで、本稿では、学長に就任するまでの役職経験、学長としての在任年数、取得学位等に着目して、学長の職務遂行に与える影響を分析し、学長の属性が大学経営に与える影響を実証的に解明することを試みる。

2　課題設定

　本稿では、学長の属性や機関属性が学長の職務遂行にどのように影響するのかを明らかにすることを目的とし、学長の属性を分析の軸に据え、学長の仕事の仕方や影響力、能力の発揮の仕方との関係について分析を行う。文部科学省の指定統計調査等の公開データでは、今回の分析目的に合致するデータが存在せず、学長の職務遂行の実態については学長自身の回答以外に客観的指標を得る有効な方法もないため、学長の職務遂行や影響力の実態、学長の属性、機関属性が質問項目に含まれている上級管理職調査データを用いる。

　分析枠組みは、**図6-1** の通りである。まず、学長の属性ごとに、仕事の仕方、学長の影響力、有効な能力との関係について分析を行う。なお、学長の仕事の仕方の指標としては業務の時間配分を用いる。大学属性や学長の個人

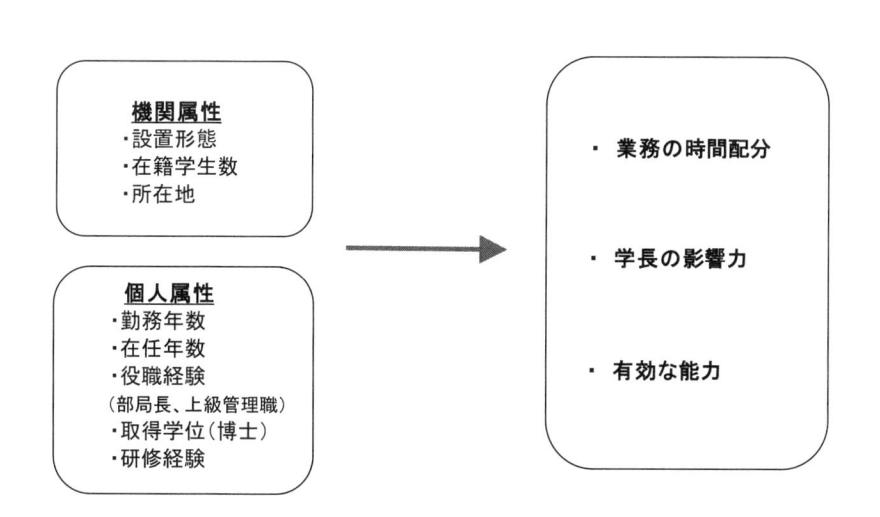

図6-1　分析の枠組み

属性の影響をそれぞれ記述的に確認しつつ、それらを総合的に勘案した場合の結果をあわせてみていくことにする。

---

3 使用データの概要

使用データ

分析に用いるデータは、2015年2月に東京大学 大学経営・政策研究センターが実施した「大学上級管理職の現状と将来展望に関する調査(上級管理職調査)」の回答データである。序章で述べたように、本調査は国公私立大学の学長・総長、理事長、副学長、理事、事務局長を対象としている。本章では、「現在の主な役職1つ」の設問において「学長または総長」を選択した、国公私立大学の学長(その他役職との兼務者含む)248名(国立48名、公立39名、私立161名)のみを対象として分析を行う。この調査データは、あくまで回答者の自己申告によるものであり、客観的な評価を加えたものではない点に留意する必要がある。また、当該データは別の目的で実施された調査であるため、今回の分析に用いるには限界があることも述べておく。

なお、学長の選考方法は重要な分析項目であるが、特に私立大学の学長選考規程は一般に対して十分に公開されておらず、入手が困難であり、本章で使用した調査データにも当該の設問がなかったため、今回の分析には含まれていない。

設置形態別にみる学長の属性

表6-1は、今回の分析対象となる学長の属性を設置形態別に示したものである。現大学勤務年数は、国公立大学の方が11年以上の割合が多い。現

表6-1 学長の属性(設置形態別)

	N	現大学勤務年数(%)		現役職在任年数(%)			部局長経験(%)		上級管理職経験(%)		博士学位取得(%)	
		10年以内	11年以上	1年未満	1～4年	5年以上	経験なし	経験あり	経験なし	経験あり	学位なし	学位あり
国公立	87	25.6	74.4	30.2	32.6	37.2	17.2	82.8	41.4	58.6	10.3	89.7
私立	161	40.5	59.5	23.9	41.5	34.6	27.3	72.7	37.9	62.1	37.9	62.1

役職在任年数では、私立大学は 1 〜 4 年がやや多く、1 年未満はやや少ない。役職経験については、部局長経験は国公立大学の方が多いが、上級管理職経験については国公立大学と私立大学ではほぼ大差ない。学長の取得学位については、国公立大学の方が博士学位の取得者が多い。以上から、国公立大学では自大学の教員の中から役職経験を経て学長になるパターンが多く、私立大学はより多様なキャリアを持つ学長が多いと考えられる。

4　業務の時間配分

　以下では業務の時間配分を機関属性、学長の個人属性別に検討する。

　まずは、機関属性別に検討する（**表 6-2**）。在籍学生数別に学長の業務時間の配分をみると、「大学の日常的な管理・運営・調整」にかける時間はいずれの大学規模でもほぼ変わらない一方、国公私立ともに大学規模が大きいほど「研究・学会・教育活動」の時間が少なく、「大学のビジョン・戦略の検討・策定および普及」にかける時間はやや多い傾向がみられた。大規模大学は学

表 6-2　機関属性別にみる業務の時間配分

			a. 大学のビジョン・戦略の検討・策定および普及	b. 大学の日常的な管理・運営・調整	c. 対外的な交渉・ネットワーキング・広報	d. 政府や社会における社会貢献活動	e. 研究・学会・教育活動	f. その他
在籍学生数	国公立	1000 人未満	25.0	39.5	12.5	11.8	11.0	0.8
		1000 人〜 3000 人未満	21.4	45.7	12.7	10.7	9.3	0.2
		3000 人〜 5000 人未満	25.7	42.9	14.3	10.0	7.1	0.0
		5000 人〜 1 万人未満	27.8	42.2	15.3	10.4	3.8	0.5
		1 万人以上	26.8	45.9	13.6	10.5	3.6	0.5
	私立	1000 人未満	20.8	43.7	10.5	7.8	16.0	1.1
		1000 人〜 3000 人未満	20.4	44.6	12.2	9.2	12.8	0.7
		3000 人〜 5000 人未満	23.3	45.0	7.7	8.1	15.9	0.0
		5000 人〜 1 万人未満	24.8	40.5	10.8	9.3	10.8	4.5
		1 万人以上	25.0	42.5	11.9	8.1	11.6	0.9
所在地	国公立	政令指定都市	22.4	46.0	14.1	10.7	6.7	0.7
		その他	25.5	42.4	13.4	10.8	7.8	0.3
	私立	政令指定都市	21.4	45.5	10.5	8.0	13.3	1.5
		その他	21.9	42.7	11.6	9.0	13.5	1.2

p ＞ .05　　単位は %

部・研究科の数が多いため、全学的な決定を行う際には意見集約や調整により多くの時間を要することがうかがえる。

所在地別の業務時間の配分状況をみると、国公立大学の場合では、政令指定都市立地の大学がその他地域立地の大学に比べて配分時間の割合が高いのは、「大学の日常的な管理・運営・調整」と「対外的な交渉・ネットワーキング・広報」であるのに対して、その他地域立地の大学のほうが配分時間の割合が高いのは、「大学のビジョン・戦略の検討・策定及び普及」と「研究・学会・教育活動」となっている。「政府や社会における社会貢献活動」にかける時間の割合は、大学の所在地による大きな違いがみられなかった。私立大学の場合では、政令指定都市立地の大学がその他地域立地の大学に比べて配分時間の割合が高いのは、「大学の日常的な管理・運営・調整」であるのに対して、その他地域立地の大学のほうが「対外的な交渉・ネットワーキング・広報」と「政府や社会における社会貢献活動」にかける時間の割合が高い。このように国公立大学にしても私立大学にしても、政令指定都市大学の学長が日常的な管理に回す時間が長いことが共通していることがわかった。政令指定都市大学には大規模大学が多いため[1]、大学内部の運営や調整に多大な時間がかかると考えられる。政令指定都市ではない地方立地の私立大学では、対外的な交渉や社会貢献活動に回す時間が比較的長いことは、地域連携の強化に伴う時間の増加が一つの原因であると考えられる。

次に学長の個人属性別に検討する（**表6-3**）。当該大学への勤務年数別の業務時間の配分状況をみると、特に私立大学において、10年以内の方が11年以上よりも「研究・学会・教育活動」の時間の割合が有意に高い。その大学に着任して間もない場合は、学内の仕組みを理解しながら、自身のやり方や立ち位置を模索するため、研究・教育活動等にも時間を割く必要があり、相対的に全学的な事項に係る時間の割合が少なくなると考えられる。

在任年数別の学長の業務時間の配分では、国公立大学学長の在任年数が1年未満の場合は、「大学のビジョン・戦略の検討・策定及び普及」に回す時間が全体の26.5%を占める。その割合が在任年数の上昇に伴い、減少していく傾向がみられる。一方、「大学の日常的な管理・運営・調整」に回す時間の

表 6-3　学長の個人属性別にみる業務の時間配分

			a. 大学のビジョン・戦略の検討・策定および普及	b. 大学の日常的な管理・運営・調整	c. 対外的な交渉・ネットワーキング・広報	d. 政府や社会における社会貢献活動	e. 研究・学会・教育活動	f. その他
勤務年数	国公立	10 年以内	23.4	41.6	13.0	12.7	9.3	0.0
		11 年以上	25.2	43.8	13.8	10.1	6.9	0.6
	私立	10 年以内	20.2	42.2	11.7	9.0	16.0	0.9
		11 年以上	22.9	44.7	11.0	8.1	11.8	1.5
在任年数	国公立	1 年未満	26.5	42.1	13.3	10.0	7.9	0.6
		1 ～ 4 年未満	26.3	42.7	13.0	11.4	6.3	0.4
		4 年以上	22.0	44.6	14.2	10.9	8.2	0.3
	私立	1 年未満	22.4	46.2	10.8	7.5	12.3	1.2
		1 ～ 4 年未満	21.7	41.5	12.6	8.9	13.9	1.4
		4 年以上	21.5	44.5	10.1	8.7	13.9	1.2
部局長経験	国公立	経験なし	20.3	42.4	14.2	11.7	10.1	1.4
		経験あり	25.3	43.4	13.4	10.9	7.0	0.4
	私立	経験なし	20.1	47.5	10.3	7.4	12.6	2.2
		経験あり	22.4	41.3	11.7	9.3	13.5	1.7
上級管理職	国公立	経験なし	22.8	40.0	13.4	12.2	10.9	1.0
		経験あり	25.5	45.4	13.6	10.2	5.3	0.3
	私立	経験なし	21.7	42.8	10.7	7.9	15.2	1.6
		経験あり	21.7	43.4	11.6	9.2	12.1	2.1
博士学位	国公立	学位なし	19.4	46.3	12.5	11.3	8.8	1.9
		学位あり	25.3	42.9	13.7	10.7	7.4	0.3
	私立	学位なし	21.5	43.6	11.8	8.4	13.4	1.4
		学位あり	21.8	43.7	10.8	8.8	13.7	1.2
研修経験	国公立	経験なし	25.3	43.0	13.5	10.5	7.6	0.5
		経験あり	23.9	43.6	13.6	11.3	7.3	0.3
	私立	経験なし	21.1	45.3	11.1	8.3	13.2	1.1
		経験あり	22.5	41.4	11.4	9.0	14.1	1.5

p ＞ .01　　　p ＞ .05　　　単位は %

割合は、在任年数の上昇に伴って高くなり、1 年未満の 42.1% から、4 年以上の 44.6% まで上昇した。つまり、学長の 1 年目には大学のビジョンや戦略づくりに時間をかけて、2 年目以降には大学の日常的な管理に関わる時間が最も多く、ビジョンの実行に移す傾向がみられた。そのほかには、対外的交渉や研究教育活動に回す時間は全体の 1 割前後であり、政府や社会への貢献に回す時間は全体の 1 割となっており、在任年数による違いがみられなかった。

　私立大学の学長の場合は、国公立大学と同様に、在任 1 年目には大学のビジョン策定に回す時間が多く、対外的交渉と社会貢献活動に回す時間の割合

が国公立大学より低くなっている一方、研究や教育活動に回す時間の割合は国公立大学より多くなっている。

　役職経験別の学長の業務時間の配分では、国公立大学において、いずれの役職についても経験者の方が、「研究・学会・教育活動」の時間の割合が低く、「大学のビジョン・戦略の検討・策定および普及」や「大学の日常的な管理・運営・調整」の時間の割合が高い。特に、上級管理職経験者では非経験者に比べて社会貢献活動、研究教育活動の時間の割合が有意に低い。私立大学では、部局長経験者の方が「大学の日常的な管理・運営・調整」の時間が有意に短かった。

　国立大学では、私立大学と比較すると、教育研究や予算、人事、社会貢献等の役割が学長に集中しているため、管理・運営業務の時間の割合が高いことがうかがえる。また、国公立大学の方が、学部長や副学長といった役職を経る中で、大学経営人材としてのキャリアと働き方にシフトしていっている傾向が明らかとなった。

　なお、取得学位別、研修経験別の学長の業務時間の配分についても同様の分析を行ったが、いずれの設置形態においても業務時間の配分に大きな違いは見られなかった。

　以上の変数の影響を総合的に分析するため、各業務にかける時間を従属変数に入れ、機関属性と個人属性を独立変数に入れて重回帰分析を行った。統計的に有意な結果が得られたのは「政府や社会における社会貢献活動」のモデルと「研究・学会・教育活動」のモデルである（表6-4）。国公立大学の学長で、現大学での勤務年数が短く、在任年数（10% 水準）が長いほうが社会貢献活動に多くの時間をかけているという結果が得られた。社会貢献が大学の使命の一つとして位置づけられ、特に国公立大学の社会的な役割を示す上できわめて重要であることから、学長が社会貢献活動にかける時間が長いのだと考えられる。また、現大学での勤務年数が短い学長は、外部や他機関から登用された可能性が高いと思われる。そのため、現大学への理解を深めると同時に、大学使命としての社会貢献活動により取り組む可能性が高いのだと考えられる。

　研究・学会・教育活動のモデルでは、国公立大学(-)、大学学生数(-)、上

表 6-4　各業務への時間配分の規定要因分析（重回帰分析）

従属変数：各業務への時間配分	d 政府や社会における社会貢献活動	e 研究・学会・教育活動
	B	B
(定数)	2.536 ***	4.537 ***
設置形態 (ref: 私立)		
国公立	0.502 **	-0.917 ***
大学学生数	0.086	-0.188 *
大学立地 (ref: その他)		
政令指定都市、東京 23 区	-0.203	0.098
役職経験 (ref: なし)		
部局の最高責任者の経験あり	0.262	-0.162
役職経験 (ref: なし)		
上級管理職の経験あり	0.083	-0.629 **
在任年数 (ref: 1 年未満)		
1 年～4 年未満	0.273	-0.090
4 年以上	0.344 +	0.049
現大学での勤務年数	-0.104 *	-0.044
学位取得 (ref: 博士号なし)		
博士号	-0.106	0.002
研修経験 (ref: なし)		
研修経験あり	0.142	0.165
F 値	1.899 *	4.906 ***
調整済み R2 乗	0.036	0.139
N	243	243

***0.1%水準、**1%水準、*5%水準、+10%水準で有意

級管理職を経験した国立大学では、学長の役割とリーダーシップが重視されることで、学内外の管理運営に回す時間が短くなり、教育や研究に回す時間が短くなると考えられる。また、上級管理職を経験した学長は、前職の上級管理職の任期においては、すでにアカデミックサイドからマネジメントサイドにシフトし、大学の管理運営に従事した経験を有している。それらの経験が管理運営の仕事をしていく上で活かされている部分が多いことから、教育研究に回す時間が短くなると考えられる。

が統計的に有意な結果が得られた。大規模な国立大学では、学長の役割とリーダーシップが重視されることで、学内外の管理運営に回す時間が短くなり、教育や研究に回す時間が短くなると考えられる。

5 学長の影響力

つづいて、学長の影響力について、機関属性、学長の個人属性別に検討する。調査票の中では学長の影響力を5件法（大いに影響を与えている、影響を与えている、どちらとも言えない、あまり影響を与えていない、まったく影響を与えていない）で尋ね、**表6-5**と**表6-6**に「大いに影響を与えている」の割合を示した。

機関属性別について（表6-5）、まずは、設置形態別にみると、国公立大学にしても私立大学にしても、学長の影響力が最も大きいのは、「大学全体の戦略策定」や「理念・ビジョンの策定または改訂」など大学の戦略や理念に関する事柄である。学長の影響力が比較的低い事柄は、国公立大学と私立大学で異なる。国公立大学の場合では「教育活動の評価」や「研究活動の評価」への影響力が比較的低いのに対し、私立大学の場合では「人件費の方針・予算」や「人件費を除くその他予算の方針・配分」への影響力が比較的低い。私立大学では学長と理事長がそれぞれ教学と経営の決定権を持つため、予算や人事については学長の影響力は大きくないと考えられる。

また、国公立大学と私立大学を比べると、大学全体の戦略（「大学全体の戦略策定」「理念・ビジョンの策定または改訂」）、全学の人事（「大学全体の主要管理職の人事」「組織・人事戦略の策定」）や人件費（「人件費の方針・予算」「人件費を除く、その他予算の方針・配分」）に関わる事柄については、国公立大学の学長の影響力が私立大学の学長より大きい。一方、教育に関わる事柄（「新しい教育プログラムの決定」「教員の採用・昇進やテニュアの決定」「教育活動の評価」「研究活動の評価」）のほうは、私立大学の学長の影響力が国公立大学の学長より大きい。

在籍学生数別にみると、国公立大学の場合では、大学の規模による学長の影響力の違いはほとんど見られなかった。国公立大学の学長の強いリーダーシップには、大規模大学と小規模大学に違いがない。なお、大規模大学では、学長が人件費（「人件費の方針、予算」「人件費を除く、その他予算の方針、配分」）の事柄への影響力が高いのに対して、小規模大学では教育活動（「学部学科の再編方針の決定」「教育活動の評価」）への影響力が高い。大規模大学であるほど、人件費の権限が学長に集中しているとみられる。一方、私立大学の場合では、

表 6-5　機関属性別にみる学長の影響力

			a. 理念・ビジョンの策定または改訂	b. 大学全体の戦略策定	c. 大学全体の主要管理職の人事	d. 関係省庁や外部関係者との交渉	e. 組織・人事戦略の策定(組織構造や選考基準設定、など)	f. 教員の採用・昇進やテニュアの決定	g. 人件費の方針・予算
設置形態	国公立		92.0	96.6	74.4	40.2	55.2	31.0	44.2
	私立		64.0	64.6	46.8	22.8	32.5	37.5	19.4
在籍学生数	国公立	1000 人未満	85.0	90.0	65.0	15.0	30.0	35.0	21.1
		1000 人～ 3000 人未満	96.4	96.4	74.1	50.0	57.1	35.7	42.9
		3000 人～ 5000 人未満	85.7	100.0	85.7	71.4	85.7	14.3	57.1
		5000 人～ 1 万人未満	95.2	100.0	85.7	47.6	66.7	38.1	52.4
		1 万人以上	90.9	100.0	63.6	27.3	54.5	9.1	63.6
	私立	1000 人未満	60.0	54.0	50.0	24.0	38.0	46.0	24.0
		1000 人～ 3000 人未満	57.6	62.1	43.8	21.9	33.8	40.0	12.3
		3000 人～ 5000 人未満	88.9	77.8	44.4	22.2	22.2	33.3	11.1
		5000 人～ 1 万人未満	65.0	70.0	52.6	15.8	25.0	25.0	25.0
		1 万人以上	87.5	93.8	43.8	31.3	25.0	18.8	31.3
所在地	国公立	政令指定都市	90.5	100.0	85.7	52.4	66.7	28.6	55.0
		その他	93.8	95.4	70.3	36.9	52.3	32.3	41.5
	私立	政令指定都市	67.7	69.4	50.0	22.6	24.2	30.6	22.6
		その他	61.9	61.9	45.3	23.2	38.1	42.3	17.5

p ＞ .00　　p ＞ .01　単位は %

			h. 人件費を除く、その他予算の方針・配分	i. 学部・学科の再編方針の決定	j. 新しい教育プログラムの決定	k. 教育活動の評価	l. 学内の優先的研究領域・テーマの決定(COE等)	m. 研究活動の評価	n. 国際化の諸活動
設置形態	国公立		44.8	67.4	37.2	31.0	48.8	27.6	39.5
	私立		18.8	54.7	44.1	39.0	39.7	33.8	39.8
在籍学生数	国公立	1000 人未満	25.0	68.4	42.1	30.0	31.6	25.0	31.6
		1000 人～ 3000 人未満	39.3	71.4	39.3	39.3	57.1	32.1	39.3
		3000 人～ 5000 人未満	42.9	85.7	28.6	42.9	71.4	42.9	57.1
		5000 人～ 1 万人未満	61.9	61.9	33.3	28.6	47.6	28.6	42.9
		1 万人以上	63.6	54.5	36.4	9.1	45.5	9.1	36.4
	私立	1000 人未満	20.0	52.0	44.0	32.0	34.7	28.0	36.0
		1000 人～ 3000 人未満	12.3	54.5	48.5	45.5	46.8	35.9	39.4
		3000 人～ 5000 人未満	0.0	77.8	22.2	33.3	55.6	33.3	44.4
		5000 人～ 1 万人未満	30.0	50.0	40.0	36.8	25.0	36.8	30.0
		1 万人以上	37.5	56.3	43.8	40.0	37.5	40.0	62.5
所在地	国公立	政令指定都市	57.1	52.4	38.1	28.6	66.7	28.6	61.9
		その他	41.5	71.9	37.5	32.3	43.8	27.7	32.8
	私立	政令指定都市	19.4	50.0	41.9	38.3	37.7	31.7	41.9
		その他	18.6	57.7	45.4	39.2	41.5	34.4	37.1

p ＞ .00　　単位は %

表6-6　個人属性別にみる学長の影響力

			a. 理念・ビジョンの策定または改訂	b. 大学全体の戦略策定	c. 大学全体の主要管理職の人事	d. 関係省庁や外部関係者との交渉	e. 組織・人事戦略の策定（組織構造や選考基準設定、など）	f. 教員の採用・昇進やテニュアの決定	g. 人件費の方針・予算
勤務年数	国公立	10年以内	90.9	95.5	68.2	22.7	36.4	36.4	28.6
		11年以上	93.8	96.9	76.2	46.9	62.5	29.7	50.0
	私立	10年以内	56.9	56.9	42.9	26.6	35.9	35.9	14.1
		11年以上	69.1	70.2	49.5	20.7	30.9	38.3	22.3
在任年数	国公立	1年未満	88.5	92.3	64.0	30.8	53.8	30.8	42.3
		1～4年未満	96.4	96.4	78.6	46.4	53.6	35.7	42.9
		4年以上	93.8	100.0	78.1	43.8	59.4	28.1	48.4
	私立	1年未満	50.0	57.9	34.2	18.9	21.1	26.3	13.2
		1～4年未満	69.7	63.6	46.0	18.5	32.3	36.9	18.5
		4年以上	67.3	70.9	56.4	31.5	41.8	45.5	23.6
部局長経験	国公立	経験なし	78.9	84.2	78.9	42.1	47.4	36.8	27.8
		経験あり	92.7	95.1	72.8	41.5	57.3	29.3	45.1
	私立	経験なし	66.0	64.2	57.7	24.5	39.6	37.7	30.2
		経験あり	64.5	64.5	46.7	24.8	31.7	38.2	19.5
上級管理職	国公立	経験なし	83.3	83.3	61.9	33.3	42.9	28.6	33.3
		経験あり	94.9	100.0	82.8	47.5	64.4	32.2	48.3
	私立	経験なし	62.5	64.1	43.5	28.1	31.3	37.5	20.3
		経験あり	66.4	64.6	53.6	22.7	35.7	38.4	24.1
博士学位	国公立	学位なし	77.8	88.9	55.6	55.6	33.3	22.2	22.2
		学位あり	93.6	97.4	76.6	38.5	57.7	32.1	46.8
	私立	学位なし	62.3	65.6	45.0	16.7	31.7	31.7	26.7
		学位あり	65.0	64.0	48.0	26.5	33.0	41.0	15.0
研修経験	国公立	経験なし	92.5	96.2	69.8	39.6	56.6	26.4	38.5
		経験あり	91.2	97.1	81.8	41.2	52.9	38.2	52.9
	私立	経験なし	58.7	57.6	42.2	18.7	29.3	37.0	16.3
		経験あり	71.0	73.9	52.9	28.4	36.8	38.2	23.5

p＞.00　　p＞.01　　p＞.05　　単位は%

			h. 人件費を除く、その他予算の方針・配分	i. 学部・学科の再編方針の決定	j. 新しい教育プログラムの決定	k. 教育活動の評価	l. 学内の優先的研究領域・テーマの決定(coe等)	m. 研究活動の評価	n. 国際化の諸活動
勤務年数	国公立	10年以内	36.4	76.2	42.9	40.9	52.4	27.3	42.9
		11年以上	48.4	64.1	35.9	28.1	48.4	28.1	39.1
	私立	10年以内	14.1	49.2	50.8	44.6	51.6	37.5	38.5
		11年以上	22.3	58.5	39.4	34.8	31.5	31.9	40.4
在任年数	国公立	1年未満	46.2	68.0	48.0	34.6	48.0	26.9	36.0
		1～4年未満	35.7	71.4	35.7	21.4	46.4	25.0	28.6
		4年以上	53.1	62.5	31.3	37.5	53.1	31.3	53.1
	私立	1年未満	13.2	36.8	34.2	29.7	35.1	25.0	28.9
		1～4年未満	18.5	54.5	42.4	36.4	39.1	29.2	34.8
		4年以上	23.6	67.3	52.7	48.1	43.4	46.3	52.7
部局長経験	国公立	経験なし	36.8	68.4	31.6	36.8	47.4	26.3	36.8
		経験あり	40.2	63.0	35.8	28.0	44.4	25.6	37.0
	私立	経験なし	22.6	54.7	41.5	30.2	34.6	26.4	32.1
		経験あり	22.0	57.3	43.5	40.2	40.0	35.0	41.9
上級管理職	国公立	経験なし	31.0	54.8	42.9	35.7	38.1	33.3	35.7
		経験あり	45.8	70.7	29.3	25.4	50.0	20.3	37.9
	私立	経験なし	18.8	53.1	42.2	34.9	38.7	31.7	39.1
		経験あり	24.1	58.4	43.4	38.4	38.2	32.7	38.9
博士学位	国公立	学位なし	11.1	77.8	33.3	22.2	22.2	33.3	22.2
		学位あり	48.7	66.2	37.7	32.1	51.9	26.9	41.6
	私立	学位なし	21.7	54.1	37.7	30.0	28.3	24.1	36.1
		学位あり	17.0	55.0	48.0	44.4	46.9	39.4	42.0
研修経験	国公立	経験なし	43.4	69.2	36.5	26.4	46.2	18.9	38.5
		経験あり	47.1	64.7	38.2	38.2	52.9	41.2	41.2
	私立	経験なし	16.3	52.2	41.3	33.3	38.2	31.5	34.8
		経験あり	22.1	58.0	47.8	46.4	41.8	36.8	46.4

p＞.01　　p＞.05　　単位は%

「教員の採用・昇進やテニュアの決定」のみに大学規模による学長の影響力の違いがみられた。大学の規模が小さいほど、教員の採用や昇進に対する学長の影響が大きくなっている。

　所在地別に国公立大学の学長の影響力をみると、政令指定都市立地にしてもその他地域立地にしても、「大学全体の戦略策定」や「理念ビジョンの策定または改訂」への影響力が高く、「新しい教育プログラムの決定」や「教員の採用昇進やテニュアの決定」、「教育活動の評価」、「研究活動の評価」への影響力が低く、所在地別による違いがみられなかった。ただし、統計的に有意な差はみられなかったが、「学部学科の再編方針の決定」には地方大学の学長の影響力が高く、「大学全体の主要管理職の人事」や「組織人事戦略の策定」、「学内の優先的領域、テーマの決定」、「国際化の諸活動」、「人件費を除くその他予算の方針、配分」、「人件費の方針、予算」、「関係省庁や外部関係者との交渉」に関する事柄には、政令指定都市大学の学長の影響力が高い。地方大学には小規模大学が多く、学部間の調整や再編方針の決定に学長の影響力が高いことに対し、政令指定都市大学には大規模大学が多く、大学全体に関わる人事やそれに付随する予算の事柄に学長が大きな影響力を与えるとみられる。

　私立大学においても、所在地による学長の影響力の違いが統計的にみられなかった。ただ、「大学全体の主要管理職の人事」「国際化の諸活動」「人件費の方針、予算」の事柄には政令指定都市大学の学長の影響力が高いことに対して、学部の再編や教員人事に関する事柄には、地方大学の学長の影響力が高いことがわかった。

　次に、学長の個人属性別に検討する（表6-6）。勤務年数別にみると、国公立大学で勤務年数が10年以内の場合は「学部・学科の再編方針の決定」や「新しい教育プログラムの決定」、「教育活動の評価」など教学に関する事項への影響力がやや高く、勤務年数が11年以上の場合は「組織・人事戦略の策定」、「人件費の方針・予算」、「人件費を除く、その他予算の方針・配分」、「関係省庁や外部関係者との交渉」といった人事・予算関連についての影響力が高かった。また、国公立大学の学長は勤務年数の長短にかかわらず、「大学全

体の戦略策定」や「理念・ビジョンの策定または改訂」への影響力が非常に高い。

　私立大学で勤務年数が10年以内の場合は「新しい教育プログラムの決定」、「教育活動の評価」、「学内の優先的研究領域・テーマの決定」など教育・研究に関する事項への影響力がやや高く、勤務年数が11年以上の場合は「大学全体の戦略策定」や「理念・ビジョンの策定または改訂」、「学部・学科の再編方針の決定」、「人件費の方針・予算」、「人件費を除く、その他予算の方針・配分」についての影響力が高かった。国公立大学、私立大学ともに、勤務年数が長くなると人事・予算関連についての学長の影響力が高くなる傾向がうかがえる。

　次いで、学長の在任年数別にみると、国公立大学では在任年数が長い場合、「大学全体の主要管理職の人事」、「人件費を除く、その他予算の方針・配分」、「関係省庁や外部関係者との交渉」等で影響力が大きくなっている。一方、私立大学では、在任年数が長くなるほど学長の影響力が全般的に大きくなる傾向がみられる。

　このように、在任年数が長くなるほど、学長の考えや方針が学内に浸透するため、学長としての影響力は、教育・研究に関する事項から人事や予算といった経営の根幹部分に変化していくことがうかがえる。4年以上で影響力が大きい項目については、そうした幅広い領域に影響力を与える学長でないと再任されないと解釈することもできるかもしれない。また、私立大学と比較すると、国公立大学では在任年数に関わらず、学長が持つ影響力自体が大きい。

　部局長の経験別に学長の影響力をみると、国公立大学では、部局長経験者の方が、「大学全体の戦略策定」や「理念・ビジョンの策定」、「人件費の方針・予算」についての影響力が特に大きいが、私立大学では、「国際化の諸活動」、「教育活動の評価」、「研究活動の評価」に対する影響力がわずかに大きい。しかし、いずれも差は有意ではなく、部局の長として、予算管理や人事を含む部局運営を行った経験は学長就任後の影響力にはあまり関係していないというやや意外な結果であった。

　上級管理職の経験別に学長の影響力を見ると、国公立大学では、「新しい

教育プログラムの決定」、「教育活動の評価」、「研究活動の評価」を除き、上級管理職経験者の方が全般に影響力が大きい。これは、副学長等の役職として全学的事項の決定に関わってきたことが、学長就任後の影響力にもつながっているためと考えられる。しかし、これ以外の項目では特に違いはみられなかった。一方、私立大学では上級管理職経験の有無による学長の影響力に大きな違いはみられなかった。この違いについて、国公立大学では、学内教員が副学長などを経て学長に就任するキャリアパターンがある程度定着しているが、私立大学では大学以外から理事に就任するなど、キャリア・パスがより多様であることが影響していると推測される。

　博士学位の取得有無別に学長の影響力をみると、国公立大学では、博士号取得者の方が「大学全体の主要管理職人事」や「人件費以外の予算の方針・配分」、「人件費の方針・予算」など経営の重要事項についての影響力が強く、学術的な背景が学長にとって重要であることがうかがえる。私立大学においても、博士号取得者の方が多くの項目について影響力が強いが、国公立大学に比べると差は小さい。また、「人件費以外の予算の方針・配分」、「人件費の方針・予算」については博士号取得者の影響力が小さく、教学事項と経営事項で学長の影響力が異なっている。

　研修経験別に学長の影響力をみると、設置形態を問わず、研修を経験しているほど全般的に影響力が強い。その因果関係は不明だが、マネジメントに関する研修を受けたことの効果が表れている、あるいは研修に参加するようなモチベーションの高い学長は、学内でも影響力を持っている可能性等が考えられる。

　以上でみてきた、各事柄の決定に影響を与える度合いがどのような要因によって規定されているのかを、統計的に検討してみる。従属変数には意思決定を行う各項目を入れ、独立変数には機関属性と個人属性を入れた。重回帰分析を行ったところ（**表6-7**）、まず大学全体の戦略や理念に関わる事柄については、国公立大学（+）のほうが、大学全体の戦略や理念ビジョンの策定に学長の影響力が大きいという結果が得られた。また、学生数の多い大規模大学、研修経験を持つ学長のほうが、統計的に10%水準で大学全体の戦略策

表 6-7 学長の影響力の規定要因分析（重回帰分析）

従属変数：各事柄の決定に影響を与える度合い	大学全体の戦略と理念		人事戦略・人件費			
	a. 理念ビジョンの策定または改訂	b. 大学全体の戦略策定	c. 大学全体の主要管理職の人事	e. 組織人事戦略の策定	g. 人件費の方針、予算	h. 人件費を除く、その他予算の方針、配分
	B	B	B	B	B	B
(定数)	4.188 ***	4.231 ***	3.875 ***	3.669 ***	2.603 ***	3.060 ***
設置形態 (ref: 私立)						
国公立	0.322 ***	0.346 ***	0.373 **	0.446 ***	0.411 *	0.504 ***
大学学生数	0.031	0.052 +	-0.007	-0.025	0.093	0.031
大学立地 (ref: その他)						
政令指定都市、東京 23 区	-0.002	0.006	-0.052	-0.164	-0.138	-0.052
役職経験 (ref: なし)						
部局の最高責任者の経験あり	0.082	0.104	-0.186	-0.048	0.032	0.050
役職経験 (ref: なし)						
上級管理職の経験あり	0.014	0.035	0.169	0.077	0.087	0.152
在任年数 (ref: 1 年未満)						
1 年〜4 年未満	0.098	0.000	0.021	0.068	0.113	-0.015
4 年以上	0.121	0.130	0.304 *	0.413 **	0.427 *	0.292 +
現大学での勤務年数	0.025	0.010	0.024	0.038	0.058	0.029
学位取得 (ref: 博士号なし)						
博士号	0.022	-0.010	0.180	0.043	0.183	0.147
研修経験 (ref: なし)						
研修経験あり	0.109	0.131 +	0.286 **	0.194 +	0.308 *	0.244 +
F 値	3.415 ***	4.503 ***	3.629 ***	3.627 ***	3.905 ***	3.598 ***
調整済み R2 乗	0.091	0.126	0.099	0.098	0.108	0.097
N	243	243	240	243	242	243

***0.1% 水準，**1% 水準，*5% 水準，+10% 水準で有意

従属変数：各事柄の決定に影響を与える度合い	教育研究					対外的な活動	
	i. 学部学科の再編方針の決定	f. 教員の採用昇進やテニュアの決定	l. 学内の優先的領域、テーマの決定	m. 研究活動の評価	k. 教育活動の評価	n. 国際化の諸活動	d. 関係省庁や外部関係者との交渉
	B	B	B	B	B	B	B
(定数)	4.054 ***	4.135 ***	3.887 ***	3.829 ***	4.145 ***	3.707 ***	3.488 ***
設置形態 (ref: 私立)							
国公立	0.183 +	-0.098	0.073	0.012	-0.119	0.103	0.372 **
大学学生数	-0.015	-0.244 ***	0.016	-0.032	-0.046	0.069	0.031
大学立地 (ref: その他)							
政令指定都市、東京 23 区	-0.143	-0.125	0.071	-0.149	-0.069	0.107	-0.091
役職経験 (ref: なし)							
部局の最高責任者の経験あり	0.170	-0.043	0.084	-0.043	-0.008	0.113	-0.080
役職経験 (ref: なし)							
上級管理職の経験あり	0.135	0.215	0.186 +	0.094	0.172	-0.005	-0.033
在任年数 (ref: 1 年未満)							
1 年〜4 年未満	0.230 +	-0.086	-0.044	0.095	-0.026	0.022	0.048
4 年以上	0.394 **	0.296 +	0.279 *	0.468 **	0.332 *	0.271 *	0.360 *
現大学での勤務年数	-0.002	0.015	-0.087 **	-0.072 *	-0.065 +	-0.037	0.001
学位取得 (ref: 博士号なし)							
博士号	-0.050	0.233	0.412 **	0.321 *	0.201	0.183	0.175
研修経験 (ref: なし)							
研修経験あり	0.119	0.323 *	0.255 +	0.387 **	0.241 *	0.319 **	0.279 *
F 値	1.947 *	4.058 ***	3.669 ***	3.204 **	2.265 *	2.951 **	2.784 **
調整済み R2 乗	0.038	0.112	0.101	0.084	0.050	0.075	0.069
N	242	243	238	240	241	242	241

***0.1% 水準，**1% 水準，*5% 水準，+10% 水準で有意

定に影響するという結果が得られた。国公立大学の学長のリーダーシップは大学経営の方針と今後を左右するほど大きな影響を与えているとみられる。

　人事戦略・人件費に関する事柄については、国公立大学、在任年数 4 年以上、研修経験を持つ学長の方が、「大学全体の主要管理職の人事」や「組織人事戦略の策定」「人件費の方針、予算」「人件費を除く、その他予算の方針、配分」に与える影響が大きいことを統計的に確認できた。在任年数が長くなると、人事戦略から人件費の配分、学部再編まで複数の業務にわたり学長の権限が増していくと考えられる。

　教育研究に関わる事柄では、学生数の少ない小規模大学の学長のほうが、「教員の採用昇進やテニュアの決定」に与える影響が大きい。在任年数 4 年以上、現大学での勤務年数が短い、博士号と研修経験を持つ学長のほうが、統計的に「学内の優先的領域、テーマの決定」と「研究活動の評価」に与える影響が大きいことが確認できた。博士号を持つ学長が、学術管理職として教育研究面に大きな影響を与えている。現大学での勤務年数が短い学長が、教育研究面をより重視する傾向が読み取れる。

　対外的な活動に関わる事柄については、国公立大学の学長のほうが「関係省庁や外部関係者との交渉」をより積極的に行っていることが統計的に確認できた。在任年数が長い学長のほうも対外的な活動に関わる傾向がみられた。

　また、ほぼすべての事柄の決定において、研修経験（+）は有意な結果が得られた。つまり、研修経験を持つ学長のほうが、各事柄の決定に大きな影響を与えている。その理由としては、研修内容または研修を通じて身に付けた能力が大学運営の現場で活かされたことで、学長の自主性と積極性を高め、影響力の向上につながった可能性が考えられる。

　以上の分析をまとめてみると、国公立大学の学長は、大学全体の戦略策定や人事戦略、人件費への影響が大きいことから、国公立大学の学長は強いリーダーシップを発揮している実態が明らかになった。大学の規模によって学長の影響力の及ぶ範囲が異なり、大規模大学の学長は大学全体の戦略や理念、人件費の予算編成（統計的に有意ではないが、プラスの関係となっている）に影響が大きい一方、小規模大学の学長は教育研究への影響が大きいことが分

かった。また、学長が着任した 1 年目には、教育面への影響（1 年〜 4 年未満ダミー変数は、統計的に有意ではないが、マイナスの関係となっている）が大きいが、在任年数が長くなると、大学のあらゆる面への影響力が増していく傾向がみられた。博士号を持つことや、研修経験が、大学の運営管理を行う上で活かされていることが多いと考えられる。しかし、部局長経験や上級管理職経験の有無が、様々な諸条件を統制してみると、ほとんど何の影響を与えていない[2]こともわかった。多くの学長が部局長や上級管理職を経験して選出されており、選出過程ではそうした経験が重要であると思われている（逆にそうした経験がないことはマイナス要素として指摘されがちである）が、単に経験をしたかどうかでは学長としての影響力の違いがないというのは意外だが、重要な発見であった。ここから、こうした役職経験は、単なる経験の有無ではなく、経験の質の違いが影響を与えている可能性が示唆される。

6　意思決定に有効な能力

　学長の意思決定における有効な能力についても同様に確認していこう。調査票の中では学長の意思決定に有効な能力についての項目を 5 件法（大いに有効であった、ある程度有効であった、どちらとも言えない、あまり有効でなかった、まったく有効でなかった）で尋ね、**表 6–8** と **表 6–9** に「大いに有効であった」の割合を示した。

　まず、機関属性（表 6-8）のうち、設置形態別の回答をみると、私立大学と比べて国公立大学のほうが高く評価している項目は、「ビジョン戦略を創る能力」、「組織やチームをリードする能力」、「事業・業務をやり抜く能力」、「関係者間の調整を行う能力」、「大学の顔としての役割を担う能力」、「顕著な学術的研究能力」、「顕著な社会貢献能力」に関する項目である。一方、「教職員や学生の意見をくみ上げる能力」、「教職員や学生に大学の方針を伝える能力」は私立大学のほうが国公立大学よりやや高い。

　学生規模別の回答をみると、国公立大学の場合では、大規模大学の学長は大学を牽引する学長のリーダーシップ（「大学の顔としての役割を担う能力」「人

表 6-8　機関属性別にみる意思決定に有効な能力

			a. ビジョン・戦略を創る能力	b. 組織やチームをリードする能力	c. 事業・業務をやりぬく能力	d. 対外的な交渉を行う能力	e. 関係者間の調整を行う能力	f. 教職員・学生などに大学の方針を伝える能力	g. 教職員・学生などの意見をくみ上げる能力
設置形態	国公立		65.1	55.8	52.3	36.5	48.8	32.6	22.1
	私立		49.7	43.6	38.5	28.7	40.5	39.9	32.3
在籍学生数	国公立	1000 人未満	65.0	55.0	45.0	30.0	50.0	25.0	10.0
		1000 人〜3000 人未満	57.1	46.4	60.7	39.3	57.1	46.4	39.3
		3000 人〜5000 人未満	85.7	85.7	71.4	71.4	71.4	28.6	14.3
		5000 人〜1 万人未満	75.0	65.0	45.0	36.8	50.0	30.0	20.0
		1 万人以上	54.5	45.5	45.5	18.2	9.1	18.2	9.1
	私立	1000 人未満	44.0	34.7	30.6	27.1	30.6	34.7	28.6
		1000 人〜3000 人未満	43.8	41.3	33.3	26.6	43.8	39.1	29.7
		3000 人〜5000 人未満	77.8	66.7	66.7	44.4	33.3	44.4	44.4
		5000 人〜1 万人未満	45.0	45.0	42.1	20.0	40.0	35.0	20.0
		1 万人以上	81.3	66.7	62.5	43.8	62.5	62.5	62.5
所在地	国公立	政令指定都市	61.9	71.4	61.9	42.9	57.1	23.8	23.8
		その他	66.2	50.8	49.2	34.4	46.2	35.4	21.5
	私立	政令指定都市	57.4	45.8	40.7	29.5	37.7	41.0	34.4
		その他	44.3	41.7	37.5	28.4	42.7	39.6	30.2

p ＞ .05　単位は %

			h. 人的ネットワークを構築する能力	i. 大学の顔としての役割を担う能力	j. 担当する業務に関する専門的知識(財務・法務など)	k. 国際・多文化の環境で働く能力	l. 顕著な学術的研究能力	m. 顕著な社会的貢献能力	n. 人にやる気を起こさせる能力	o. 人格者であること
設置形態	国公立		38.4	58.1	12.8	28.2	24.7	26.7	29.1	24.4
	私立		30.4	43.3	11.4	20.8	17.1	19.6	22.8	20.9
在籍学生数	国公立	1000 人未満	20.0	40.0	10.0	26.3	26.3	30.0	20.0	20.0
		1000 人〜3000 人未満	32.1	60.7	17.9	21.4	25.0	25.0	32.1	25.0
		3000 人〜5000 人未満	57.1	71.4	0.0	0.0	42.9	57.1	28.6	42.9
		5000 人〜1 万人未満	45.0	70.0	15.0	40.0	15.0	20.0	30.0	20.0
		1 万人以上	63.6	54.5	9.1	45.5	27.3	18.2	36.4	27.3
	私立	1000 人未満	24.5	36.7	14.0	16.0	14.0	18.4	20.4	22.4
		1000 人〜3000 人未満	31.3	42.9	6.3	17.2	17.5	17.2	23.4	14.1
		3000 人〜5000 人未満	44.4	33.3	33.3	33.3	22.2	22.2	22.2	22.2
		5000 人〜1 万人未満	15.0	35.0	10.0	30.0	10.0	10.0	15.0	25.0
		1 万人以上	56.3	81.3	13.3	31.3	31.3	43.8	37.5	37.5
所在地	国公立	政令指定都市	52.4	76.2	19.0	47.6	28.6	28.6	33.3	33.3
		その他	33.8	52.3	10.8	21.9	23.4	26.2	27.7	21.5
	私立	政令指定都市	27.9	36.1	8.2	22.6	19.7	23.0	19.7	24.6
		その他	31.3	47.4	13.5	19.8	15.6	17.7	25.0	18.8

単位は %

表6-9　個人属性別にみる意思決定に有効な能力

			a. ビジョン・戦略を創る能力	b. 組織やチームをリードする能力	c. 事業・業務をやりぬく能力	d. 対外的な交渉を行う能力	e. 関係者間の調整を行う能力	f. 教職員・学生などに大学の方針を伝える能力	g. 教職員・学生などの意見をくみ上げる能力
勤務年数	国公立	10 年以内	59.1	54.5	63.6	45.5	50.0	36.4	22.7
		11 年以上	67.2	56.3	48.4	33.3	48.4	31.3	21.9
	私立	10 年以内	45.3	48.4	44.4	32.3	42.9	34.9	27.0
		11 年以上	53.8	41.3	35.2	26.9	39.8	43.0	35.5
在任年数	国公立	1 年未満	61.5	50.0	46.2	34.6	38.5	38.5	15.4
		1〜4 年未満	57.1	53.6	42.9	28.6	46.4	21.4	17.9
		4 年以上	75.0	62.5	65.6	45.2	59.4	37.5	31.3
	私立	1 年未満	40.5	44.4	38.9	24.3	48.6	37.8	48.6
		1〜4 年未満	47.7	38.1	37.5	25.4	37.5	35.9	18.8
		4 年以上	60.0	50.9	40.7	36.4	40.0	45.5	36.4
部局長経験	国公立	経験なし	50.0	50.0	55.6	35.3	70.6	38.9	33.3
		経験あり	67.1	56.1	53.7	36.6	46.3	32.9	22.0
	私立	経験なし	47.2	45.3	47.2	32.7	50.9	39.6	32.1
		経験あり	52.5	45.4	37.8	29.8	39.7	43.0	33.9
上級管理職	国公立	経験なし	58.5	41.5	53.7	31.7	45.0	34.1	26.8
		経験あり	67.8	64.4	54.2	39.7	54.2	33.9	22.0
	私立	経験なし	45.3	39.1	34.9	27.0	40.6	32.8	35.9
		経験あり	54.1	49.1	44.0	32.7	44.5	47.3	31.8
博士学位	国公立	学位なし	62.5	50.0	25.0	25.0	37.5	12.5	12.5
		学位あり	65.4	56.4	55.1	37.7	50.0	34.6	23.1
	私立	学位なし	50.0	42.4	33.9	22.4	37.3	40.7	28.8
		学位あり	49.5	44.3	41.2	32.3	42.4	39.4	34.3
研修経験	国公立	経験なし	58.5	50.9	47.2	34.0	47.2	28.3	17.0
		経験あり	75.8	63.6	60.6	40.6	51.5	39.4	30.3
	私立	経験なし	43.5	38.9	29.2	25.6	35.6	36.7	28.9
		経験あり	58.2	50.0	50.7	32.8	47.1	44.1	36.8

p ＞ .05　　単位は %

			h. 人的ネットワークを構築する能力	i. 大学の顔としての役割を担う能力	j. 担当する業務に関する専門的知識(財務・法務など)	k. 国際・多文化の環境で働く能力	l. 顕著な学術的研究能力	m. 顕著な社会的貢献能力	n. 人にやる気を起こさせる能力	o. 人格者であること
勤務年数	国公立	10 年以内	27.3	59.1	13.6	33.3	33.3	31.8	31.8	18.2
		11 年以上	42.2	57.8	12.5	26.6	21.9	25.0	28.1	26.6
	私立	10 年以内	30.2	41.3	14.3	17.5	11.1	23.8	23.8	22.2
		11 年以上	30.1	44.6	9.7	22.3	20.4	16.1	21.5	19.4
在任年数	国公立	1 年未満	34.6	42.3	11.5	28.0	28.0	19.2	26.9	30.8
		1〜4 年未満	32.1	67.9	7.1	17.9	21.4	25.0	21.4	14.3
		4 年以上	46.9	62.5	18.8	37.5	25.0	34.4	37.5	28.1
	私立	1 年未満	27.0	44.4	10.8	13.5	13.9	13.5	29.7	16.2
		1〜4 年未満	26.6	32.8	7.7	12.3	10.8	17.2	14.1	18.8
		4 年以上	36.4	54.5	16.7	34.5	25.5	25.5	27.3	25.5
部局長経験	国公立	経験なし	27.8	61.1	11.1	33.3	33.3	27.8	22.2	22.2
		経験あり	39.0	57.3	12.2	25.9	22.2	26.8	30.5	23.2
	私立	経験なし	37.7	41.5	17.0	17.0	15.1	13.2	26.4	24.5
		経験あり	29.8	45.0	10.7	23.8	19.8	24.0	24.0	21.5
上級管理職	国公立	経験なし	36.6	51.2	17.1	26.8	31.7	31.7	26.8	22.0
		経験あり	37.3	62.7	8.5	27.6	19.0	23.7	30.5	23.7
	私立	経験なし	32.8	37.5	12.5	20.3	10.9	18.8	23.4	20.3
		経験あり	31.8	47.7	12.7	22.5	22.7	21.8	25.5	23.6
博士学位	国公立	学位なし	25.0	37.5	0.0	0.0	12.5	25.0	12.5	12.5
		学位あり	39.7	60.3	14.1	31.2	26.0	26.9	30.8	25.6
	私立	学位なし	25.4	36.2	13.6	16.9	8.6	15.3	25.4	16.9
		学位あり	33.3	47.5	10.1	23.0	22.0	22.2	21.2	23.2
研修経験	国公立	経験なし	35.8	50.9	5.7	23.1	19.2	20.8	20.8	20.8
		経験あり	42.4	69.7	24.2	36.4	33.3	36.4	42.4	30.3
	私立	経験なし	25.6	37.8	6.7	17.6	13.2	20.0	19.1	15.6
		経験あり	36.8	50.7	17.6	25.0	22.4	19.1	33.8	27.9

p ＞ .01　　p ＞ .05　　単位は %

的ネットワークを構築する能力」「人にやる気を起こさせる能力」「国際、多文化の環境で働く能力」）を意思決定に有効な能力として高く評価され、小規模大学の学長は対内外の調整・交渉能力（「関係者間の調整を行う能力」「対外的な交渉を行う能力」「教職員、学生などに大学の方針を伝える能力」「教職員、学生などの意見をくみ上げる能力」「事業、業務をやり抜く能力」）を有効な能力として評価されている。

　私立大学の場合では、大規模大学のほうが小規模大学に比べて、それぞれの能力の有効度を高く評価されている。大規模大学ほど、ビジョン・戦略の策定や組織をリードする能力、大学の顔としての役割が強く求められているとみられる。

　所在地別にみると、国公立大学の場合では、「ビジョン、戦略を創る能力」と「教職員、学生などに大学の方針を伝える能力」を除き、ほぼすべての能力の評価に対し、政令指定都市大学の学長の回答が地方大学の学長の回答より上回っている。「大学の顔としての役割を担う能力」や「組織やチームをリードする能力」のようなリーダーシップ能力が、政令指定都市立地の大学の学長に強く求められている。私立大学の場合では、「ビジョン、戦略を創る能力」に対しては政令指定都市大学の学長からの評価が高く、「大学の顔としての役割を担う能力」に対しては地方大学の学長からの評価が高い。その他のそれぞれの能力に対しては、政令指定都市立地にしても地方立地にしても、評価の度合いに大きな違いがみられなかった。

　学長の属性別も確認する（表6-9）。まず勤務年数別にみると、国公立大学の場合では、勤務年数が10年以内の方が様々な能力が必要となっている。私立大学では、勤務年数による違いに有意差はみられなかった。

　在任年数別に学長の有効能力をみると、国公立大学では在任年数1年未満の場合、高く評価されたのは「ビジョンの策定能力」「大学方針を伝える能力」である。ビジョンの策定や伝達に関わる能力が求められるとみられる。1年以上4年未満の場合、外部との交流に伴う「大学の顔としての役割を担う能力」が必要とされ、「組織をリードする能力」のような学長としてのリーダーシップが求められる。4年以上の場合、初年度に策定したビジョンや戦略の

実行に伴う「業務をやり抜く能力」や「関係者間の調整能力」が必要であるほか、「対外的な交渉能力」「人的ネットワークを構築する能力」「社会的貢献能力」も求められている。

私立大学の場合、在任年数1年未満では、「関係者間の調整能力」「意見をくみ上げる能力」「人にやる気を起こせる能力」が高く評価されている。1年以上4年未満の場合、「関係者間の調整能力」や「意見をくみ上げる能力」への評価が1年未満の時と比べて低くなり、「顕著な社会的貢献力」が求めるようになった。4年以上の場合、全面的な能力が求められるようになり、「ビジョンの策定能力」や「組織やチームをリードする能力」が最も求められている。設置形態を問わず、学長の在任年数によって、意思決定においてどのような能力を有効と考えるかに違いが生じているのは興味深い。

役職経験別に学長の有効な能力をみたが、部局長と上級管理職のいずれについても、有効な能力の差は有意ではなかった。取得学位別に学長の有効な能力をみると、国公立大学では博士学位取得者の方が全般的に能力の有効度が高いが、私立大学では大きな差はみられなかった。

研修経験別に学長の有効な能力をみると、理由は不明だが、いずれの設置形態においても研修経験者の方が全般的に能力の有効度が高い。

学長の意思決定に必要とされるそれぞれの能力が、どのような要因によって規定されているのかを、統計的に検討してみる。従属変数には大学の意思決定に必要な能力を入れ、独立変数には機関属性と個人属性を入れ、重回帰分析を行った（**表6-10**）。まずは大学全体の戦略や組織に関わる能力のところをみると、国公立大学(+)と研修経験を持つ(+)学長のほうが、これらの能力を高く評価する傾向がみられた。国公立大学では、学長のリーダーシップ能力が最も求められていることが分かった。また、部局の最高責任者の経験を持ち、在任年数4年以上の学長は「ビジョン、戦略を創る能力」を高く評価していた。そして、「組織やチームをリードする能力」のモデルでは、学生数(+)と現大学での勤務年数(-)が有意な結果を得られた。大規模大学ほど組織やチームをリードする能力が重要視されているが、勤務年数が短いとその大学の事情や組織文化を十分に理解できておらず、そうした能力が育っ

表 6-10　有効な能力の規定要因分析（重回帰分析）

従属変数：意思決定の際に、各能力の有効の度合い	大学全体の戦略と組織能力			学内外の交渉・調整能力				
	a. ビジョン、戦略を創る能力	b. 組織やチームをリードする能力	g. 教職員、学生などの意見をくみ上げる能力	n. 人にやる気を起こさせる能力	d. 対外的な交渉を行う能力	i. 大学の顔としての役割を担う能力	h. 人的ネットワークを構築する能力
	B	B	B	B	B	B	B
（定数）	3.755 ***	3.921 ***	4.161 ***	3.751 ***	3.604 ***	3.624 ***	3.659 ***
設置形態 (ref: 私立)							
国公立	0.210 *	0.264 *	-0.178 +	0.041	0.218 +	0.147	0.067
大学学生数	0.055	0.084 *	-0.014	0.088 *	0.036	0.112 **	0.084 *
大学立地 (ref: その他)							
政令指定都市、東京23区	-0.020	-0.036	-0.061	-0.125	-0.007	-0.131	0.034
役職経験 (ref: なし)							
部局の最高責任者の経験あり	0.315 **	0.163	0.051	0.090	0.110	0.109	-0.008
役職経験 (ref: なし)							
上級管理職の経験あり	0.125	0.141	-0.040	0.087	0.110	0.150	0.057
在任年数 (ref:1年未満)							
1年〜4年未満	-0.018	-0.060	-0.296 **	-0.212 +	-0.080	0.019	-0.164
4年以上	0.213 +	0.130	-0.104	-0.008	0.120	0.266 *	0.051
現大学での勤務年数	0.005	-0.049 +	-0.001	-0.024	-0.006	-0.015	0.017
学位取得 (ref: 博士号なし)							
博士号	-0.025	0.028	0.144	0.043	0.128	0.129	0.134
研修経験 (ref: なし)							
研修経験あり	0.280 **	0.286 **	0.271 **	0.316 **	0.246 *	0.283 **	0.197 *
F 値	4.194 ***	3.047 **	1.865 +	2.451 **	1.919 *	3.593 ***	2.279 *
調整済み R2 乗	0.117	0.079	0.035	0.057	0.037	0.098	0.051
N	242	239	241	241	239	240	241

***0.1% 水準 , **1% 水準 , *5% 水準 , +10% 水準で有意

従属変数：意思決定の際に、各能力の有効の度合い	個人資質				
	l. 顕著な学術的研究能力	m. 顕著な社会的貢献能力	c. 事業、事務をやりぬく能力	k. 国際、多文化の環境で働く能力	j. 担当する業務に関する専門的知識
	B	B	B	B	B
（定数）	3.115 ***	3.490 ***	3.994 ***	3.359 ***	3.286 ***
設置形態 (ref: 私立)					
国公立	-0.128	-0.017	0.245 *	0.050	0.009
大学学生数	0.096 +	0.091 +	0.075 +	0.158 **	0.056
大学立地 (ref: その他)					
政令指定都市、東京23区	0.035	-0.020	-0.052	0.120	-0.069
役職経験 (ref: なし)					
部局の最高責任者の経験あり	0.024	0.179	0.071	0.054	-0.047
役職経験 (ref: なし)					
上級管理職の経験あり	0.050	0.061	0.130	0.012	0.001
在任年数 (ref:1年未満)					
1年〜4年未満	-0.169	-0.135	-0.086	-0.218	-0.107
4年以上	0.195	0.225	0.160	0.197	0.201
現大学での勤務年数	-0.050	-0.069 *	-0.058 *	-0.064 +	-0.040
学位取得 (ref: 博士号なし)					
博士号	0.569 ***	0.175	0.041	0.211	0.041
研修経験 (ref: なし)					
研修経験あり	0.329 **	0.246 *	0.337 ***	0.257 *	0.540 ***
F 値	3.801 ***	2.082 *	3.240 **	3.433 ***	2.912 **
調整済み R2 乗	0.105	0.043	0.086	0.092	0.074
N	240	241	239	241	241

***0.1% 水準 , **1% 水準 , *5% 水準 , +10% 水準で有意

ていない傾向にあるようだ。

　次に、学内外の交渉・調整に関わる能力のところをみると、「教職員、学生等の意見をくみ上げる能力」のモデルでは、国公立大学(-)と在任年数1年〜4年未満(-)が統計的に有意な結果が出た。「人にやる気を起こさせる能力」のモデルでは、大学学生数(+)と在任年数1年〜4年未満(-)が統計的に有意な結果が出た。学長に着任して1年未満の場合、教職員の意見をくみ上げる能力ややる気を起こさせる能力というボトムアップ型のリーダーシップを有効だと考えている。こうした構成員との関係性や人間関係やその調整を重視した形のリーダーシップが、在任年数が長くなるにつれて重視されなくなるわけではないと思うが、それだけではすまなくなるとこの結果を解釈することができる。上述の通り、在任年数4年以上の学長は、「ビジョンや戦略を作る力」「大学の顔としての役割を担う力」という組織目標を達成するためのリーダーシップの能力をより有効と考えるようになる点はきわめて興味深い。調整重視の学長というよりも、これらの能力を有効に発揮できるリーダーでないと、次の学長として選ばれないのかもしれない(多くの大学で学長の任期は4年であり、在任4年以上ということは再任された学長であることが多いからだ)。

　また、大規模大学(+)の学長のほうが「大学の顔としての役割を担う能力」や「人的ネットワークを構築する能力」「人にやる気を起こさせる能力」を有効な能力として評価している。大規模大学である以上、学内の調整能力や学内外のネットワークの構築能力が学長の意思決定に有効であるとみられる。

　個人資質に関わる能力のところをみると、学生数(+)、現大学での勤務年数(-)の変数が統計的に(10%水準で)有意な結果が出た。学生数の多い大規模大学で、現大学での勤務年数が短いほど、顕著な研究能力や業務をやり抜く能力、高い適応性といった個人資質が学長の意思決定に有効な役割を果たしている。

　また、すべての能力モデルにおいて、研修経験(+)が有意な結果は得られた。研修経験を持つ学長のほうが、それぞれの能力の有効度を高く評価する傾向がみられた。研修経験は必要とされる能力の有効性の自覚化を促し、それを意識しながら大学の管理運営に取り組んでいくことから、研修の重要性が高

いのだと考えられる。

7　まとめ

　本章では、大学の設置形態、在籍学生数、所在地、学長に就任するまでの役職経験、学長としての在任年数、取得学位、マネジメントに関する研修経験に着目し、学長の職務遂行に与える影響について考察した。

　これらから得られた知見は以下の通りであった。

　業務の時間配分については、設置形態を問わず、学長の1年目には大学のビジョンや戦略づくりに時間をかけて、1年目以降には大学の日常的な管理に関わる時間が最も多く、ビジョンの実行に移す傾向がみられた。国公立大学の学長は、権限とリーダーシップが強化されるとともに、個人の教育研究活動より、学内外の管理運営に特化して時間を使う傾向がみられたほか、社会貢献活動に多くの時間をかけ、国公立大学の社会的な役割の発揮に貢献していることが確認できた。

　学長の影響力については、設置形態や規模などの機関属性だけでなく、在任年数や研修経験などの個人属性も学長の影響力の度合いをある程度、規定していることが明らかとなった。国公立大学の学長は、大学全体の戦略策定や人事戦略、人件費への影響が大きく、強いリーダーシップが発揮されている実態が見てとれる。大学の規模によって学長の影響力が及ぼす範囲が異なり、大規模大学の学長は大学全体の戦略や理念、人件費の予算編成に影響が大きい一方、小規模大学の学長のほうは教育研究への影響が大きいことが分かった。また、学長が着任した1年目には、教育面への影響が大きいが、在任年数が長くなると、大学のあらゆる面の事柄への影響力が増していく傾向がみられた。その他、博士号を持つことや、研修経験が、大学の管理運営を行う上で活かされていることが多いと考えられる。ただ、同時にこうした諸変数で説明できる説明力は多くても10%程度であり、こうした機関属性や個人属性に表れない変数、たとえば個々人の個性、努力の違いなどが影響を及ぼしている可能性もまた示唆している。

　意思決定において有効な能力については、大学全体の戦略策定や組織管理に関わる学長のリーダーシップ能力が国公立大学の学長に最も求められている。大規模大学の場合、学内の調整能力や学内外のネットワークの構築能力だけでなく、個人資質に関わる能力も学長の意思決定に有効であることが評価された。これらの能力を養成するには、研修経験が重視され、有効とされる能力を研修によって高める傾向がみられた。こうした変数間の関係性を発見したこと自体も重要であるが、学長の影響力と同様に、機関属性と個人属性で説明できるのは多くても10%程度、多くの項目は数%程度であるということも指摘しておく必要がある。

　以上のことから、機関属性の中でも設置形態による違いが大きく、学長が影響力を持つ分野や仕事の仕方が異なることが明らかとなった。学長になるまでのキャリア・パスにも設置形態による違いがみられ、国公立大学の方が学内役職経験を経て大学経営層としてのキャリアにシフトしていることがうかがえる。また、大学規模によっても学長の仕事の仕方や影響力は異なっていた。

　個人属性に関しては、学長がビジョンを学内に浸透させ、実現するためには一定以上の年数が必要であり、自大学の組織文化の理解や学内者との関係構築という面でも、勤務年数の長さは学長の職務遂行にある程度影響すると言える。

　また、学長としての在任年数が長くなるほど、学内調整の段階から自身のビジョンの実現や実行の段階に移り、それに伴って影響力も増す傾向がみられた。学長の在任年数の長さが影響力や能力の有効度に影響する理由として、学長は日常的に学内構成員または理事会から評価される立場にあり、学長として不適格な人材は淘汰されていくため、影響力や能力のある学長が長く任期を務めていると考えられる。

　博士学位の取得有無については、研究分野に関して一部影響力がみられたが、学長としての職務遂行というよりも、学長選考における影響力が大きい可能性がある。

　一方、役職経験については設置形態による差異はあるものの、影響は限定

的であった。日本の大学では慣例的に学内の役職経験を積むことで教員の管理・運営能力の育成を図っている場合が多いと言われてきたが、本章の分析からは明確な関係性は見いだせなかった。単に役職を経験するだけで学長として成功できるわけでなく、どのような経験をどのようにしていくのが重要なのかなど、個別の事例分析等を通じて、役職経験の違いが学長の職務遂行にどのような意味を持つのかをさらに検証する必要があるだろう。近年は学長に求められる役割が多様化、増大化しており、本稿の分析結果からも、役職経験のみでは上級管理職としての職務に対応することが難しくなってきていることが示唆されている。

　その点において、マネジメント研修の経験者が能力の有効度を高く評価していることからも、学内での役職経験に加えて、適切な研修を積むことが、学長としての能力の発揮につながっていると考えられる。どのような学内経験を積むことが有効なのか、どのような研修が効果的なのか、今回の分析からは十分に明らかになっていない。しかしながら、すでに日本国内においても、大学の上級幹部を対象とした大学経営の専門プログラムの開発が始まっており、学長に何を期待し、学長候補となる人材をいかに育てるかは今後ますます重要な課題となるだろう。

注

1　図表は省略するが、本調査では政令指定都市立地の大学のうち、「1000 人未満」の小規模大学の割合は 17.3%、「1 万人以上」の大規模大学の割合は 22.5% である。一方、その他地域立地の大学のうち、「1000 人未満」の小規模大学の割合は 26.8%、「1 万人以上」の大規模大学の割合は 6.8% である。政令指定都市立地の大学には大規模大学が多く、その他地域立地の大学には小規模大学が多い。

2　学内の優先的領域、テーマの決定で、上級管理職経験があるほど影響力が強いという結果がみられたのみで、それ以外はすべて影響関係が確認できなかった。

第7章　学長のリーダーシップ能力とその養成

両角亜希子

1　はじめに

　大学改革を推進するために、学長のリーダーシップへの期待が高まっている。社会環境の変化の中で、大学にも大きな変革が求められており、その組織の長である学長の役割が重要視されるのは諸外国でも共通の傾向にある。日本では、学長のリーダーシップの発揮を政策的に支援するために、学長への権限の集中化やそれらに対する予算措置という形で推進されてきた。こうした政策動向は大学の現場に大きな影響を与え、様々な形での変革を促している一方で、大きな役割と期待を託される学長がそれぞれの大学でどのような形でリーダーシップを発揮すればよいのか、何を重視し、どのような能力が学長職には必要なのか、また、そうした優れたリーダーである学長の育成をどのように行っていくべきか、といった観点での研究はいまだ十分ではない。本章では学長に対するインタビュー調査を素材として、こうした諸課題を検討することを目的としている。

2　先行研究の検討と本研究の課題

　学長のリーダーシップやその養成方法については、諸外国でも多くの研究がなされてきているところではあるが、紙幅の都合もあり、本章では主に日

本で行われた研究を中心に検討を行う。

　かつての学長のリーダーシップに関する研究は、高木（1995）などきわめて限られたものであったが、2004 年の国立大学の法人化や 2015 年の学校教育法改正などの大きな制度改正の中で、学長の権限は大きなものになり、それに伴い、急速に学長のリーダーシップをめぐる研究が日本でも発展しつつある。国立大学の学長のリーダーシップを学長裁量経費、人件費の導入、独立した内部監査組織の導入、インセンティブ予算の導入から捉え、それが高まることで、交付金依存度の削減、人件比率の低下などの効果があるとこうした制度改正を肯定的にとらえた赤井・中村（2009）があるが、実証研究の多くは、学長の権限集中化に対しては慎重・否定的な見解を示している。例えば、文部科学省の改革状況調査の個票の分析から検討した村山（2014）などはそうした研究にあたる。また本書第 4 章でみたように、教員調査の分析から、教員の執行部への期待も高いが、執行部への不満がさらなる参加要求につながっていることを指摘している。学長のリーダーシップは様々なスタイルがあり、組織文化によるところが大きいことは海外の研究で多く指摘されてきたが（たとえばバーンバウム 1992）、そうした観点での研究もいくつかなされている。たとえば、それらの海外の先行研究を紹介した大場（2011）、副学長へのアンケート調査から検討した前田（2017）、学部長へのアンケート調査から検討した村澤（2017）がそれにあたる。たとえば、村澤（2017）では、誰がリーダーとなり、どのようなリーダーシップが発揮されるか組織の複雑性や環境・状況依存的であることを明らかにしている。また、それ以外にも様々な観点での研究がおこなわれている。たとえば、王・両角（2016）（本書第 1 章）は大学上級管理職へのアンケート調査から、学長に求められる能力が、リーダーシップ、個人資質、コミュニケーション能力など、ほかの上級管理職と比較しても総合的であることを指摘している。山崎・宮嶋・伊多波（2018）は、学長のリーダーシップそのものではなく、リーダーシップを発揮できる仕組みや風土に着目し、それが大学経営に与える正の効果を明らかにしている。淵上（2013）は学長だけではなく、トップ・マネジメント・チームの重要さを指摘している。こうした様々な関心からの研究が蓄積されつつあるが、実証研究におい

ては量的な研究が多いが故の課題もある。量的研究ではリーダーシップ概念
を操作的に定義せざるを得ないことから、研究によって学長のリーダーシッ
プという言葉のとらえ方はかなりまちまちであるし、その複雑な概念につい
て単純化しすぎる傾向は不可避である。この点で、対象は国立大学の副学長
であるが、インタビュー調査を通じて大学執行部のリーダーシップを検討し
た夏目 (2012) は、質的な研究の有効さを示す意義深い研究と言える。学長に
対するインタビュー調査という実施困難さもあるため、質的な研究が不十分
であるのは先行研究の課題といえる。

　そういう意味では、学長たちが自ら行ってきた改革について書いた本 (**表
7-1**) も先行研究を位置付けることができる。これらの詳細を分析しはじめる
とそれ自体が一つの研究論文になってしまうので、ここでは紹介にとどめる
が、学長本人がそれぞれの言葉で語ったリーダーシップ像はリアリティに
あふれ、魅力的な内容になっている。特に市川 (2007) や黒木 (2009) は何度読

表7-1　学長自身が書いた書籍の例

著者	出版時の役職	出版年	タイトル
野田一夫	宮城大学学長・多摩大学名誉学長	1999	大学の大学改革
清成忠男	法政大学総長	2001	21世紀の私立大学の挑戦
奥島孝康	早稲田大学総長	2002	ユニバーシティ・ガバナンス－早稲田大学の改革Ⅰ，Ⅱ
安西祐一郎	慶応義塾大学塾長	2004	未来を先導する大学－慶應義塾長、世界の学長と語る
市川太一	広島修道大学元学長	2007	30年後を展望する中規模大学－マネジメント・学習支援・連携
林勇二郎	金沢大学元学長	2007	法人化と大学改革のはざまで－金沢大学の矜恃
黒木登志夫	岐阜大学元学長	2009	落下傘学長奮闘記－大学法人化の現場から
矢田俊文	北九州市立大学学長	2010	北九州市立大学改革物語－地域主権の時代をリードする
山本健慈	和歌山大学学長	2015	地方国立大学－学長の約束と挑戦
松本紘	京都大学元総長	2016	改革は実行　私の履歴書
納谷廣美	明治大学元学長	2016	前へ、そして世界へ
五神真	東京大学総長	2017	変革を駆動する大学－社会との連携から協創へ
鈴木邦雄	横浜国立大学元学長	2017	ハマの大学！学長のおさらい
塩﨑均	近畿大学学長	2017	教えて！学長先生－近代学長「常識破りの大学解体新書」
岩田年浩	京都経済短期大学元学長	2017	学長奮闘記－学長変われば大学変えられる
濱名篤	関西国際大学学長	2018	学習成果への挑戦－地方大学からの教育改革
山本正治	新潟医療福祉大学学長	2018	マイウェイ学長の記録

出所：筆者作成

んでも参考になり、筆者も東京大学での授業で何度か扱ってきた[1]。このほかにも学長自身がリーダーシップについて書いたものとして、雑誌『IDE 現代の高等教育』の中でも多くの論考がある。例えば、京大総長（当時）の松本（2015）は確固とした信念とぶれない方針（戦略）、ビジョンと決意、粘り強い忍耐力と胆力というディベート能力の必要性を、国際基督教大学理事長の北城（2015）は、学長は、組織の目的を達成するための情熱、決断力、先見性と誠実さ、学内外と良好な意思疎通ができること、前向きで冷静な楽観主義者であることが必要で、不足する場合は補完できる人材を登用すべしと述べている。4 大学の学長を経験した梶田（2015）は、各大学でリーダーシップの発揮の仕方が異なるが、PM 理論（目的達成機能と集団維持機能）をひいて、その両機能の発揮に尽きると述べている。吉岡（2015）は自らの大学がどのような大学であるかを明確にし、それを構成員全員と外部に発信し続けることが学長のなすべき最も重要なことと述べ、納谷（2018）は学長のリーダーシップには、企画力、決定力、執行力が必要だと具体例を上げつつ指摘している。諸外国では、学術的な関心からの実証研究のみならず、こうした実践者によるノウハウの蓄積をもとに、第 3 章でみたように、実践者へのヒント集のような本も多く出版されているが（クーゼス・ポスター 2003、Gunsalus 2006 など）、そうした状況と比べると、学長自身の振り返りによる分析や語り自体を相対化するような研究は日本ではまだ行われていない。そのためには、ある程度共通の枠組みで複数の優れた学長へのインタビュー調査をもとにした研究が必要である。

　経営人材としての学長の育成について、その必要性を主張する研究はいくつかなされているし（夏目 2013）、試行錯誤も行われてきた（本間 2015）。こうした観点をアンケート調査から包括的に検討したのが本書第 1 章だが、学長の育成に関しては、学長の 62% が全学レベルと部局レベルの管理職を両方経験している一方、59% の学長が研修経験なしで、経験頼みで学長の仕事にあたっていること、しかし将来の経営人材が学内で育っていない意識を 7 割弱の学長が持っていることを指摘した。同調査の分析から、平本・両角（2018）や本書第 6 章では学長になる前に経験した役職（部局長経験、執行部経験）が必

ずしも学長としての影響力の違いに結びついておらず、単なる役職経験の有無よりも、個人の努力の違いによるところが大きいのではないかと指摘している。このほかにも、上級管理職向けの研修の実態と課題を明らかにした本書第2章、教学出身理事・副学長の勤務状況やキャリアパス等についてアンケート調査から検討した松本(2018)など、日本における学長育成の実態の一般論については、徐々に明らかにされつつある。

　しかし、あくまで一般的傾向が明らかにされているだけであり、今後の経営人材育成を考える上では優秀な学長がどのように育ってきたのか、という観点からの解明が不可欠である。上述の学長自身が書いた本の中に、学長になる以前の経験について書かれたものも少ないもののあるが、あくまでも個人のストーリーとして書かれており、そこから一般論を導き出すのはかなり難しい。

　以上、先行研究の検討を行ってきたが、それを踏まえて、本研究で明らかにしたいのは、優秀な学長たちが、自身の仕事や学長のリーダーシップについてどのように捉えているのか、また、そのような能力をどのように身につけてきたのかである。リーダーシップに関しては学術的に言えば様々な定義がなされているが、本研究ではあえて、あらかじめの定義を示さずに、学長自身がとらえた姿で、自由に語ってもらうことを重視した。学長へのインタビュー調査をもとに、共通性はどこにあるのか、差異性はどこにあり、それは何によるのかを考察することにする。

3　研究方法と対象者

　上述の研究課題を明らかにするために、2017年10月から2018年11月にかけて、11名の学長[2]を対象に行った。1人当たり平均90〜120分程度(最も短いケースは1時間、長いケースは4時間強)、半構造化インタビューを実施した。1年近くかけて実施したが、追加調査が難しい事情もあり、初めの頃にインタビューをした学長にはすべての質問に対する回答を得られていないケースがある。

　表 7-2 に対象者の一覧を示した。2018 年 5 月時点の学部学生数を調べ、その大きい順に対象校を並べた。インタビュー候補者の選定にあたっては、優秀な学長、少なくとも大学が改革を精力的に推進しており、成長している大学の学長を選定するようにした。11 名中 2 名は元学長であるが、学長職を離れて長い元学長はあらかじめ候補から外して選定した。11 名中 5 名はワントップ型 (理事長と同一人物)、6 名はツートップ型 (理事長と別人) である。理事長と別人の場合は、学長のリーダーシップを考える際に理事長との関係性を考慮せざるを得ないが、非常に複雑な問題であり、本稿では必ずしもこの点は十分に検討しきれていない課題がある。また、11 名中 9 名は私立大学の学長であり、国公立大学のサンプルが少ない点は課題である。本研究はこの分野の萌芽的な研究であり、上述のように一定の課題があることは筆者自身も十分に理解しているが、この研究課題は現在も継続進行中であり、一連の課題は今後の研究で補充していく予定である。

表 7-2　インタビュー対象者一覧

	大学特性			学長属性	
	設置形態	学部学生数	立地	理事長との兼任	学長在任年数 (調査時)
A 学長	私立	2 万人以上	三大都市圏	あり (規定上同一人物)	4 年目
B 学長	私立	2 万人以上	三大都市圏	なし	9 年目
C 学長	国立	1 万〜2 万人	地方中核都市	あり (規定上同一人物)	6 年間 (※元学長)
D 学長	私立	1 万〜2 万人	三大都市圏	なし	7 年目
E 学長	私立	4 千〜1 万人	三大都市圏	なし	6 年目
F 学長	公立	4 千〜1 万人	三大都市圏	あり (規定上同一人物)	6 年間 (※元学長)
G 学長	私立	4 千〜1 万人	三大都市圏	なし	4 年目
H 学長	私立	2 千〜4 千人	地方都市	あり	学長　16 年目 理事長　18 年目
I 学長	私立	1 千〜2 千人	地方都市	なし	4 年目
J 学長	私立	1 千〜2 千人	都市圏周辺都市	あり	学長　7 年目 理事長　6 年目
K 学長	私立	1 千〜2 千人	都市圏周辺都市	なし	2 年目

(注) 大学が特定できないようにするために、独自の地域区分で分類した。三大都市圏は、東京・大阪・名古屋、都市圏周辺都市はその近隣の市、地方中核都市は、札幌・仙台・広島・福岡。地方都市はそれ以外の都市 (今回の事例では人口 5〜10 万人の都市であった)。

表7–3　学長たちの主な実績

	学長としての実績
A	改革を社会に伝えるブランディング、長期ビジョンの作成、ガバナンス改革（学長任期の変更）
B	学教法改正に伴うガバナンス改革、大型補助金申請・獲得、教員評価の導入、学長施策
C	教養教育改革、全学ポストを恒久的に再配分する仕組みの導入、キャンパス移転等
D	中期計画を軸に改革を推進、ブランド推進。教育と研究の2つの推進機構の設置等。
E	教育改革の推進、国際化の推進、ガバナンス改革、教員採用改革等。
F	設置自治体との交渉、教員組織と教育組織の分離などの組織改革等
G	学部学科の改組、教育改革。ＩＲ推進室、学長直属の改革推進課の設置。
H	相次ぐ学部学科の新設による大学の規模拡大と経営安定化への貢献。
I	多様な学生の学習への仕組みづくり、教育改革など。
J	地元の高校へのトップセールスや就職支援策の充実による学生確保と定員充足化。
K	教育改革や補助金獲得による大学の知名度の上昇。トップセールスの地域連携の推進。

出所：筆者作成

　表7–3には、対象者の学長たちが行った主な改革をまとめた。匿名性を担保するために詳細は省略するが、いずれも困難な改革を実現し、大学を発展に結びつけている優れた学長たちである。

4　学長として必要な能力、大事にしていること

　学長として必要な能力・大事にしていることについて、各学長の主な発言を**表7–4**にまとめた。

　非常に多くの発言があるため、この表にはすべてを書ききれていないが、ある程度の共通点がみられた。リーダーシップ研究の古典でPM理論（三隅1966、1986）があり、「組織目標を達成するP（Performance function）機能」と「人間関係に配慮し集団を維持しようとするM（Maintenance function）機能」の2つの能力要素が示され、PM両方の機能を持ちあわせるのが優れたリーダーであることが指摘されているが、本研究で明らかになった共通点もその観点から大きくは2つに分類される。一つは、M機能、つまり教職員の理解や協力を引き出す工夫といえるのかもしれないが、

表 7-4　学長として必要な能力・大事にしていること

A	毎週の常任理事会で常任理事の話をよく聞くこと。学部長会議で、学部長が学部に戻って説明できるようにわかりやすい文書を出すなどの工夫をして丁寧に説明する。部長会議の内容の把握。変えることを恐れない、めんどくさがらないことが大切。
B	建学の理念や創設者に対する理解、学部教授会を回って丁寧に説明すること
C	課題を直視し逃げずに自分の頭で考える。やると決めたらやる。反対されても丁寧に意見を聞きコメントするが最終的には実行する。理念を作って必然的な帰結を作る。自分がどのような考え方の人間かを少なくとも評議会に来ている人には理解してもらう。
D	学長は資質、経験、胆力（ここと思ったらまっすぐ突き進むエネルギーとタフさ）が重要。意を尽くして議論すること。
E	教職協働（職員のコミットメントを高める）、組織全体を見て、組織のために何が一番よいか無理のない、賛同の得られる提案をできる能力が大事。そのためには確かなデータで語ることと日本や世界の状況を知ることが必要。
F	合意形成は不可能な状況であったので、真剣に話を聞くが、できないものはできないと正直に言う。
G	ビジョンの作成とそれに基づく改革。自分の考えを共有してくれる副学長を選ぶこと。データに基づく改革をするための IR 推進と改革推進室の設置。
H	学内回り。予算権と人事権を教授会から理事会に。
I	みんなが思っている一歩先を見せる。トップダウンでリーダーシップを発揮するタイプではないので、何があっても根気よく誠実に向き合う。
J	決断力とその裏側の責任感。理事会を兼任する立場だからかもしれないが、ビジョン・目標を示し、戦略を策定した上で組織を動かす能力。学内向けには今置かれている状況を教職員に理解してもらい、共通意識を持てるようにしている。動ける人をどれだけ増やすか
K	物語を紡ぐ力、現場をよく知ったうえでの構造力が大事。そのためには全体を見渡して1人1人とのコミュニケーションを日常的にとっていることが大事。

出所：筆者作成

「自分の考えを正確にわかりやすく伝える能力」、「教職員と丁寧に、真剣に話を聞くこと・誠実さ」、「データでの説得・エビデンスの重要性」などが語られた。もう一つは、P 機能で、ビジョンや目標を示す、「優れた提案力」、「やると決めたらやり抜く強い覚悟・ぶれないことの大切さ」、「理念や大きな方向を示して、賛同を得ておく」、「他の執行部との関係づくり」、「教職協働・職員の経営参画の重要さ」などである。

M機能（集団維持能力）──構成員の理解と協力を得る努力

　以下では、順に、例を出しつつ、紹介する。「自分の考えを正確にわかり

やすく伝える能力」の必要性は多くの学長が述べた。例えば、大規模大学の
A学長は、自身の学部長経験から、月2回の学部長会議を大事にしており、
学部長たちが学部に帰って説明できるように短時間で伝わる文書を出すなど
の工夫をしていると述べた。B学長はガバナンス改革や教員評価の導入など
を行う際に、複数のキャンパスにまたがる全ての学部教授会を回って丁寧に
説明したが、論理的な説明でそれぞれの案件を納得してもらうようにしたと
述べた。毎年夏に学長フォーラムを開催して皆で議論する、7月の予算編成
方針で全学に呼びかけるなど、少ないチャンスを大事にしていると述べた。
C学長、F学長、E学長、I学長、K学長は、理念を端的に示す効果的なキーワー
ド、キャッチコピー（たとえば、学生中心主義、学習教育研究、垣根のない大学等）
を作って伝えることを意識的にやっていた。C学長は「新鮮で簡潔なネーミ
ングを考えるのは非常に大事。伝えるためにも金をとるためにも」と述べた。
そうした理念のキャッチコピー化は、自身にとっても行動基準になるメリッ
トをD学長が語ってくれた。学長は非常に多くの判断を短い時間ですること
が求められるが、学生のため、という明確な行動規範があることで、迷わ
ないし、それをいうことで学内からの反対もあまり出ないという。

　「データで説得する・エビデンスの重要性」も多くの学長が語った。特に
この重要さを強調して語ってくれたのはE学長、G学長であるが、学内情
報の収集と分析を行うIR組織を設置した学長たちもこの観点を重視してい
るが故の行動であるといえるだろう。E学長は学内で伝言ゲームのように伝
わっていた状況を問題視し、思い込みや間違ったデータではなく、正確なデー
タで語ることで、改革の必要性を教員に理解してもらえたと話す。G学長も
エビデンスなしの改革では的が外れるかもしれないし、根拠を示すことは改
革を進める上で非常に有効だと述べている。

　「教職員と丁寧に、真剣に話を聞くこと・誠実さ」もほとんどの学長が述
べた。B学長の教員評価制度やC学長の新たな教員人事制度、F学長が行っ
た大規模な組織改革などは、すべての構成員が納得のいく仕組みを作ること
はほとんど不可能であることは想像に難くないが、それでも丁寧に話を聞
いて、必要に応じて修正する、意見を取り入れなくても真剣に誠実に向き

合ってもらうことで、構成員は受け入れてくれると C 学長や F 学長は述べた。ただし、ここで構成員の話を丁寧に聞くのは、それらからビジョンを作るために聞いているというよりは、大学として向かいたい方向を理解してもらうためのコミュニケーションに近い。D 学長は時間も場所も不定期で、時間があれば教職員に「こう考えたんだけどどう？あなたはどう思う？」と聞いて、1 時間でも 30 分でも議論したエピソードを話してくれた。I 学長の失敗談とその後の行動が非常に示唆的である。I 学長はいわゆる落下傘学長で、定員割れによる学科名称変更、全学カリキュラム改革が始まっていたが、その中身をよく知らずに着任した。将来構想を作らなければということになり、中堅や若手でワーキンググループを設置し、「アイディアを出してください」という形で議論し、そこで出た意見を学長、副学長、事務局長で一枚の絵にしたが、限定的な効果しかなかったと語った。前任者が主導した改革の成果がみられず、今こそ自分が改革を主導するタイミングだというときに、教員全員からヒアリングをしたと語ってくれたが、その時は「アイディアを出してください」というスタンスではなく、むしろ I 学長が考える方向性を理解してもらったり、感触を得たり、必要に応じて修正するといったニュアンスを感じた。その後の I 学長が副学長らと先導した教育改革は一定の効果を上げている。また、小規模ということもあり、1 人 1 人とのコミュニケーションを密にとっているのが K 学長で「今度これ申請するから、あなたの研究室のプロジェクトをのっけさせてね」といえるような関係を日常的に構築しておくことの大切さを指摘している。

　「誠実さ」「公平さ」も多くの学長が指摘した。例えば、I 学長は「トップダウンでリーダーシップを発揮するタイプではないが、何があっても根気よく誠実に向き合う」、B 学長は「自分の利害で動いては絶対にいけない。客観的に公平なことをいうことが大事」と語った。教員人事制度を作ったが、評価とか配分に関しての運用は自己点検評価の一環として位置づけ、民主的にボトムアップに任せた。C 学長も、教員人事制度を導入したが運用はボトムアップに任せたが、やはり公正さという点でそうした工夫をしたのだと思われる。

P機能（目標達成能力）──ビジョンや目標の提示とその実現

　「優れた提案力」も多くの学長が語った。C学長は「理念を作って、必然的な帰結を作る」、E学長は「組織全体を見て、組織のために何が一番良いのか、無理のない、賛同の得られる提案をできる能力が大切」、I学長は「みんなが思っている一歩先を見せてあげること」、K学長は「物語を紡ぐ能力が必要。つまり、現場をよく知った上での構想力と全体を見渡し、1人1人とコミュニケーションすることが大切」と、それぞれの言葉で語ってくれた。明確で魅力的なビジョンは学内を説得するだけでなく、社会の理解を得るのにも有効で、多くの補助金獲得にも着実につながっている。F学長は明示的には語らなかったが、設置自治体から厳しい要求が突きつけられる中で、短期間に作成した改革案は優れた提案力そのものであった。学長になってすぐに中期計画やビジョンを策定したA学長、D学長、G学長もこうした観点を重視していた。地方で、相次ぐ学部学科の増設、それによる大学の規模拡大を成功させたH学長もこうした能力に優れているからこそ、実現できた。大きく定員割れし、留学生を大量に入れて、そのことで日本人学生からさらに敬遠されるという厳しい状況から、日本人学生を着実に増やし、定員充足へと導いたJ学長は「課題は明確だった」というが、それを実際に改善につなげた構想力と実行力は優れている。本研究で対象とした優秀な学長たちは、いずれの学長も優れた提案で大学を引っ張っているが、中でも、学長になる前の経験も含めてのC学長の提案力には脱帽した。新しい学問分野の出身であるC学長は大学院組織の立ち上げを行い、大型センター長時代や図書館長時代にも数多くの業績を残した。図書館長時代には10年間で全学の図書経費を1.76%から9.56%に増やしたが、他大学を見に行き、自ら考えぬき、新たな取り組みを考案し、次々と実現させた。日本で初めてという話題性やキャッチコピーを活用するだけでなく、自大学で理解がなかなか得られないアイディアは他の大学で講演などで話して、先行してやってもらい、先例を作ってもらい自大学での実現につなげた。学長時代も、国立大学の法人化後は経営環境が厳しくなるばかりだが、「課題はたくさんあるほうが解決しや

すい。一つだとそれにしつこくこだわるから。順番づけてやらなきゃいけない時は一番難しいのを先にやるのがいい。難しいことはいろんな問題が凝縮して入っているから、それを解けば次はもう楽」「二者選択を迫られることがあるが、両方という手もある」「問題を抽象化して考える」と述べ、全学ポストを恒久的に再配分する仕組み、教養教育改革、病院の再開発、キャンパス移転など、複数の難題を同時に解決した。

　提案を実現に結び付けるために必要なこととして、「やると決めたらやり抜く能力」や「大きな方向性についてあらかじめ皆の賛同を得ておく」という発言が見られた。「やると決めたらやりぬく」という強い覚悟とぶれないことの大切さについて、何人かの学長が語った。C学長は「方針は上から。意見は丁寧に聞いて修正しても、最後はやるときはやらせていただきます、という強い覚悟が必要」「やるって決めたことはやる。やれなかったらやめるしかない。間違っても教授会とか評議会のせいにしちゃいけない。自分のせい」「先生たちは分かってるんだけど、コミュニティー的な発想で反対せざるを得ない。だからちゃんと対応して反応してもらったら、やることはやったと落ち着く」、D学長は「胆力、ここだと思ったらまっすぐ突き進むエネルギーとタフさが学長に一番大事」、F学長も「真剣に話を聞くが、できないものはできないと正直に言う。(おかれた状況下では)合意形成は不可能だった。」と語った。必ずしもすべての学長が述べたわけではないが、必死に考え抜いた改革を実現すべき時には、こうした強いリーダーシップが不可欠であることを示しているように思う。ただし、改革派の学長は次の選挙で構成員から選ばれなくなる事態も各所で散見されており、学長の選び方との関係も含めた議論が必要になるだろう[3]。H学長も、単科大学で学生募集がうまくいっていなかったものの異分野の学科の設置に最初は教職員も難色を示したが、「現実に合わせて誰かが改革を考え実現するしかないし、皆の意見を聞くのが望ましいが、小さい大学で時間的な余裕はなかった」と強い危機感で断行したが、改革の成果が見えてくることで教員は教育研究に安心して注力してもらえた。「大きな方向性についてあらかじめ皆の賛同を得ておく」ことを強調したのはC学長やG学長だった。C学長は「100年先のことを考

えようと。そうすると非常に理念的にきれいなことを考えてオーケーが取れた。じゃあ、50年先、20年先、3年後、今年どうしようかという感じにもっていくと、割とすーっと行く」と話した。G学長の大学では何度も将来構想に関する委員会を作り、学内で議論し、課題は明確になっていても、なかなか大きな改革につながらない状況が続いていた。それらの課題を実現するのが自分の役割と考えたG学長は、学長になってすぐにビジョンや方針を示し、大きな方向性についての賛同を得ておくことで、その後の改革への協力を要請し、学部学科の改組、教育改革や国際化などの実現につなげている。「総論賛成、各論反対」になりがちな教員たちを説得するのに、総論賛成についての了解を得ておくやり方といえるかもしれないし、G学長は明示的に語らなかったが、反対が出るのはわかっている改革を実現するのだ、という決意がなければ、こうしたやり方を選ばなかったに違いない。そういう意味では、状況を変えるのは学長次第といえるのかもしれない。B学長は「十字架を引き受ける覚悟が必要」と述べた。

　学長が政策を実行していくにあたり、1人でできるわけではなく、一緒に仕事をしてくれるチーム、仲間、支援者の存在はきわめて重要で、この点についてもほとんどの学長が述べた。具体的には執行部チームとの関係と、職員の役割と参加の在り方である。「ほかの執行部との関係づくり」では、A学長は「常任理事とは頻繁に話し合い、彼らの意見をよく聞くようにしている。毎週の常任理事会やその後の昼食会は重要」、「部長会議で話している内容も把握している」、「会議が多いが、無駄な会議をしている気はしない」と述べた。B学長は、毎週月曜の常務理事会（理事長、常務理事、学長）、毎週水曜の学長室会議を大事にしている。C学長は「自分がどんな考え方の人間かを少なくとも大学評議会に来ている人には理解してもらうのが大事」「（考えを理解してもらうために）秘書には原稿や議事録の校閲をしてもらうが、次第に手を入れなくてもよいものができてくる」「理事や副学長は、それまでの対立関係とか一切関係なく、純粋に大学のために誰がいいかで選んだ」という。E学長も毎月1回理事長との首脳懇談会をしており、学長が必要だと話すと理事長がかなり大きな金額の予算措置をすぐに決断してくれる関係を構築している。

I 学長は「常任理事会は毎週開催。理事長にフランクに意見を言う場として機能している」、「学長、副学長、事務部長などの主要メンバーの委員会で重要事項を議論したうえで、運営協議会、教授会にかける方式がうまく機能している」という。K 学長は「理事長は隣の部屋にいて、常に相談できる関係にある」という。G 学長は「自分の考えを共有してくれる副学長を選ぶのが大事」、「人望の厚い先生を改組の責任者にした」と人の選び方の重要さを述べているし、多くの学長が一緒に「苦労してくれる仲間（F 学長）」を選んでいた。B 学長も「副学長は自分の判断で選んでいるが、学部長の選出に関しては人事に介入することなく、選ばれた人と一緒に付き合う」と述べた。大学の規模も関係があると思われるが、執行部チームの話があまり出なかったのが、H 学長、J 学長[4] である。H 学長は、理事長や学長になる前から、長いこと理事をやっていたので、聞けばわかるだろうと学内からの相談や打ち合わせが多く、個人のリーダーシップを発揮している印象である。J 学長は、「以前は学部の委員会で物事を決めて、教授会で決定して実行するスタイルで学長に何の連絡もなかったが、多数決はだれも責任を取らないので止めさせた。学長に報告・相談することが大切で勝手に決めないように言っている。」「相談されたら（ボールが投げられたら）長く持ちすぎないで早く決断するようにしている。ずっと教員をしてきた副学長が学内のことに通じているので相談しながら進めている。」という。いずれも理事長と学長を兼ねていることも影響しているように思われる。学部長の在り方について言及したのは D 学長で、「学長は立候補してなるが、学部長は立候補制でないため、本人も予想せずになるケースがある。だいたい 2 期まで 4 年で変わるので、慣れてきたと思うと学部長が変わることが大変」と語り、学部長向けの研修機会も必要なのではないかと述べた。

　「教職協働・職員の経営参画」は E 学長が「職員がもっとコミットすべき」ととくに強調したが、優秀な職員の育成、経営参画の重要性を多くの学長が「周りの職員が自分の仕事を支えてくれている、感謝している」と語った。A 学長や E 学長は職員理事を実現させた。K 学長も教職協働に力を入れている。G 学長は、改革プランを実現する事務組織を学長直結組織として作ることで、

意思決定のスピードが上がり、学内的にも分かりやすくなった効果を述べている。H学長やJ学長は優秀な事務職員を外部から連れてきて中を改革してもらい、皆に仕事を与えることで職員を育成している。

5　各学長の経歴と有効だった経験

　各学長の経歴とその中で有効だった経験、選出方法を**表7-5**にまとめた。

　ここでは、学者出身の学長と、学者経験のない学長（H学長、I学長、J学長）にわけて検討したい。なお、学者経験のない学長は11名中3名で、実際の学長の分布に比べて高い割合になっているが、学者経験がない学長がどのように育ったのかについてはほとんど知られておらず、その実態を把握したいためにあえて複数名の調査を実施したためである。

学者出身学長の場合

　まずわかることは、部局長と全学役職の両方を経験がE、F、G、K、部局長経験のみがA、B、全学役職のみがC、Dとなっており、全員が管理職経験をしたうえで、学長職についている。しかも、それらの経験が学長として仕事をしていく上で有効だったと語っており、このあたりは先行研究の知見と合致している。

　しかし、部局長や全学管理職の経験をしていても、「学長になるなんて思わなかった」と語った学長も多い（たとえば、B学長、C学長、G学長）し、「なりたくなかったが断れないと覚悟してなった」（F学長）学長もいる。広島大学が行った学部長調査の結果（**表7-6**）をみても、この学長たちの発言は驚くものではないだろう。広大調査で多くの学部長が「わからない（状況による）」、「断る」と回答したことからも、実際に学長に就任している人たちは、それなりに強い覚悟をもって引き受けたことも想像に難くない。A学長は「所属学部から学長を出したいといわれて、自分でも必要だと思い立候補した」と述べた。

　表7-5に戻るが、学者出身の学長の全員が、部局長経験や全学役職の経験

表 7-5　学長の経歴と選出方法

	学内			大学外の経験	その他役立った経験	学長選出方法
	教員	部局長	全学役職			
A	○	◎				選挙
B	○	○				1 期、2 期は選挙 3 期は理事会推薦
C	◎		◎			学長選考会議指名
D	○		◎			選挙
E	○	◎	◎	○		1 期は選挙 2 期は理事会指名
F	○	○	◎			学長選考会議指名
G	○	◎	◎		大学基準協会や設置審の委員経験	選挙
H				◎	着任前からの自大学の理事経験 他大学の理事長、理事等	理事会指名
I				◎		理事会指名
J	○（1 年）			◎		選挙
K	◎	◎	◎			選挙

(注) 経験があるものに○、そのうち「有効だった」と本人が語ったものは◎をつけた。学長選出方法は実際にはより複雑であるが、ここでは教（職）員の選挙の結果でほぼ決まる場合は「選挙」、選挙がない場合は「理事会指名」、「学長選考会議指名」等とした。後者の方式で意向投票をしたケースもあるが、大学名を特定できないようにするため詳細は書かない。

が役立ったと評価している。具体的にどのように役に立ったのか、発言をもとに確認しておきたい。

　特に管理職経験が長いのは、D 学長、G 学長、K 学長である。D 学長は約20 年間の学内役職を経験しており、「副学長もしているから学長をやれると思ったが、実際にやってみると副学長と学長は大きく違った。学長は最終判断が常に求められる。」と語ったのは印象的だった。G 学長も 2000 年ごろから学内役職続きで学長になったが、「学内役職は学内のことを熟知するうえで有効で、それがなくては私の場合は学長をやるのは難しい。学内のどの部署のだれに頼めば動くのかを知り、改革を任せる適任の責任者を選ぶことは、ずっと学内にいたからスピーディーに改革ができた」と話す。K 学長は学部

表 7-6 将来、学長や副学長（担当理事）への就任が要請された場合の対応

	受諾する	やむを得ず受諾する	わからない（状況による）	断る
国立	8%	7%	53%	32%
公立	13%	11%	49%	27%
私立	14%	9%	45%	32%

注：広島大学高等教育研究開発センターが 2017 年 12 月に全国の国公私立大学の学部長を
対象に実施した「大学への資源配分と教育研究活動に関する学部長調査」より筆者作成。
（http://rihe.hiroshima-u.ac.jp/2018/07/23-3/, 2018.1.7））

長や副学長を 13 年間務めたが、学部長時代は学長が非常勤で、学部長が学長代理になっていた。学部長になる前の若い教員時代に、四大化があり、そのプロジェクトの一環で 7,000 万円の予算で設備を整える責任者になり、大学の契約の仕方の流れやそれをオーソライズする学内手続きの仕方を学んだ。学長室員として様々な実務経験を積み、その都度、必要に応じて制度や政策についても学んでいき、学長になったと話す。そういう意味では、管理職になる前の経験の有効さも大きい。

　A 学長は学部長経験をしたことが有効だったと述べている。「1 人で努力するのとは違う経験をした」「議論の激しい教授会だったので、全学の学部長会議での議論を認識し、自分の考えをもって説明すること」やそのために「主任や副主任などと常に打合せし」「大学の全体像を理解する努力をした」という。E 学長も「研究科長など、管理業務に触れる機会が増えて視点が変わる経験は大きい」と話した。F 学長は、副学長時代に全学の FD 活動を熱心に推進した。カリキュラムデザインに関する副学長の諮問会議を作り、ポートフォリオを作ろうと学長に提案したという。副学長の時にかなりいろいろやっており、学長になってからでは遅いとも話した。C 学長は管理職経験に限らず、「関係したら全力で取り組み、徐々に責任ある立場へ」と話した。

　管理職を経験するだけでなく、それらの仕事を行うために、独自でかなりの勉強をしている学長も多くみられた。上述の K 学長もその典型であるが、ほかにも、D 学長は、前々学長の下で教務部長として高等教育について独学で勉強したという。本を読んだり、研修に出たり、学会に入ったり、論文を

書いた経験があるから、学長がやれる、と話した。E 学長は、副学長になることを依頼された際にかなり悩んだが、引き受ける決断をしてから、大学のアドミニストレーションについてかなり勉強したと述べた。勉強しようと思えば、本やウェブサイト、講演会などの学ぶ機会は多いし、私大連の研修などで他大学の人と意見交換をすると、苦労も聞けてアイディアももらえて非常に役立っていると述べた。G 学長は、10 年近く大学基準協会や設置審の仕事に携わったが、他大学の資料を読んだり、実施調査で深く掘り下げたり、広く学ぶ機会は新しいことをやる上でも、他大学も頑張っていると学内を説得する上でも有効だと話した。他大学の外部評価委員や研修なども熱心に参加している。B 学長は「周りから立候補するように頼まれて仕方なくなったが、学長はどういうことをするのかもよく知らないままになって苦労した」「学長になってから、創設者の思想や高等教育政策の流れを勉強した」という。

　以上をまとめると、部局長経験、執行部経験をしている学長が多く、それらの経験が学長としての仕事をしていく上で、学内の課題や情報を熟知し、人脈を作る点で有効だったことがわかる。ただし、話を聞くと単にその役目を淡々と務めているというわけではなく、そうした機会を捉えて、高等教育政策や大学経営についての勉強をしている点も優秀な学長たちの特徴として浮かび上がってきた。

　大きな改革は学内出身者はしがらみがあってやりづらいという意見もよく聞くが、卒業生で教員経験の長い F 学長や G 学長はむしろ、学内経験の長さと人脈を生かして組織改革を実現した。F 学長は教員組織と教育組織を分離する改革をするとき、「ほとんど指名のような形で先生はここにお願い」という形で進めたという。個々の教員を知って関係を作ってきたからこそ実現できたと考えられる。

　学者出身であることは教員の考え方や価値観を理解しており、大学という組織を運営するうえで非常に有利になることは諸外国の研究でも指摘されている。アメリカの大学の学長は大学経営のプロだといわれることが多いが、その大多数はやはり学者出身である。K 学長は「今も週 4 コマの授業をしているが、大学教員としての感覚を失うと先生たちのインセンティブを見逃す

164 第2部 学長たちはどう育ち、どう改革をリードしているのか

可能性があるから」と話した。

学者経験のない学長の場合

　学者出身の学長の場合は、学内での管理職経験を積む中で学び、優秀な学長として育っていくが、学者経験のない学長はどのように育っているのか。これに該当するのは、H学長、I学長、J学長であるが、3名の共通点を探ったところ、一定の苦労はあった。上述のように、I学長は外から来たからこそ、学内で進められている改革の効果に早くから疑問を感じていたが、皆が取り組んでいる中で水を差すことになるので、それを言わない配慮をしていた。H学長の「引け目に負けずに頑張っている」という発言、J学長の「教員は厳しい資格審査があり、研究業績を積んできているので、畑違いで研究もやっていない人がなんだという見方をされる教員もやっぱりいる」という発言からも苦労がうかがえる。商社という異業種出身のJ学長だけでなく、高等教育業界に詳しいH学長、I学長も学者経験がないという点では共通で、同様に苦労をしていた。I学長は、学長になる以前から業務だけでなく、学会に参加するなど、積極的に大学のあり方を学び、考えてきたにもかかわらず、である。

　しかし、いずれも学外での素晴らしい経験によって別の形で補っていた。たとえば、H学長は、他大学の理事長、大学団体での経験、他大学の理事経験に加えて、同法人での長年の理事経験でカバーしている。他の大学の理事会はとても参考になるし、現在も全国の数多くの大学を訪問してよいことは質問してまねている。この地区の設置者を超えた学長会が年2回あるのも役立っていると話した。J学長は、妻が創業者の孫という縁で、商社を退職後にやれることはないかと思っていたが、教えることは想定していなかったという。教授になったが、大学は上述のように厳しい事情を抱えており、学内をまとめられる学長が求められていて、創業者との縁もあるからと推されて、選挙で選出されたという。そういう意味で学長になったのは想定外で戸惑ったと話したが、1年後に理事長になったのは、「自分がやらないといけない」と覚悟してやろうと思ったという。J学長は商社に42年間勤務、うち20年

間は海外駐在でいろいろな場所でいろいろな人と接してきた。そのネットワーク・人脈の広さを使い、「助けてくれ」と頼んだが、こういう幅広いネットワークはむしろ学者出身の学長にはないメリットといえる。また、商社勤務時代も、常に新しいやり方、サービスを提供しないといらないといわれるので、新しいやり方を常に考え続けてきたので、未経験のところでも、何をやらねばならないか何をやるべきかを考えることができると話した。

H学長とJ学長はいずれも理事長を兼任している。理事長の場合は学者経験のない外部者が務める場合も珍しくない。筆者は別の調査等で理事長に話を聞く機会も少なくないが、彼らのリーダーシップのスタイルと似た傾向も感じた。ただ、学長のリーダーシップと理事長のリーダーシップの関係をどのように考えるかは、かなり大きな別の関連する研究テーマであり、ここではこれ以上の深入りをしないことにする。

6　学長人材の育成に関する考え方

最後に、望ましい学長人材の考え方についてまとめておきたい。**表7-7**には学長たちが考える学長人材の育成に関する考え方、研修に対する意見や考え方をまとめた。

そのポイントを一言でいうと、学長たちの学長人材の育成方法に対する意見は、自身がどのように育ったのかによって考え方が異なっているというものであった。A学長「選挙で選ぶ以上、学長は育てるのは難しい。むしろ教員の底上げが必要」、C学長「自分の頭で、1人で徹底的に考えさせる」、D学長「勉強しないと学長はできない」、E学長「外部の研修などは重要」、G学長「外部研修だけでなく、基準協会などの外部での委員に派遣する努力をした」、K学長「学内経験で学ぶ機会とやりがいを多くの教職員に与える、立場が人を作る面もある」などである。

学長には適性の有無があり、絶対に向かない教員がいることは多くの学長が指摘した。その上で、OJTで学べる効果は学者出身の学長が程度の差はあれ指摘しており、「適性のある人材を見つけて、そうした職につけて経験を

表7-7　学長人材の育成に対する考え方

	学長人材の育成方法に対する意見	研修の考え方
A	選挙制度を取る限り、予定されている学長はおらず、養成できない。できるだけ多くの教員が大学の全体像をわかっていることが大事。学外の研修に行かず、大学内で知る機会、議論する機会が持てたらよい。その職についてわからないことがあったらその時必死に学べばよいが、役員がするのは最終判断なので、優秀なスタッフと相談できる環境を作っておくのが大事。	研修で他大学の学長の経験を知るのは勉強になる。たくさん知ることで選択肢が増える。
B		
C	関係したら全力で取り組み、徐々に責任ある立場へ。学長が選べる副学長などを担当させて任せる。	研修で聞いたからやってみようということはないし、外国の経験は制度が違うから失敗する。ただし、キーワードを考えるきっかけになる。
D	資質のあるものが場所を得て伸びるのが理想的。学長や学部長なども勉強しないといけないが、学長になってから勉強しては遅い。学長は最長4年だが、慣れてくると新しくなる繰り返しで、ある程度の学部長候補者を選び、教育する機会があればよいと思う。	2代前の学長の元で、高等教育について独学で勉強して論文を書いたりした。それがあるから学長ができている。新任者研修に派遣する、教員にも外部の委員の仕事を受けて外部環境を学んでもらうことを推奨。
E	学部長、学長補佐などの仕事を通じて大学運営を学べる。様々なテーマで議論するワークショップに管理職は半分強制的に参加してもらっている。	それに加えて、外部の研修にできるだけ参加を促している。外の教職員を交流する機会は刺激を得たり、ネットワークを作れるなど意義がある。
F	東大の総長補佐のような将来の管理職候補が学内運営を経験できる仕組みがあればよい。一緒に苦労してくれる人を見つけるのはなかなか難しい。	
G	適正はあるので、マネジメント能力のある先生を見定めて、伸ばす努力をひたすらしている。自身にとって有効だった大学団体の仕事などを推薦している。他大学を知ることが大事。改革マインドにつながり、ネットワークができる。	天城学長会議は1回しか行けなかったが、勉強になった。
H	学長も経営が分かっていないといけない。	研修などにも積極的に参加している。
I		
J		学外の研修は機会があればできるだけ参加している。外から来て、法律、規定を理解しないと運営できないと痛感。その業界のルールが何かを知る必要がある。文科行政の話や事例紹介も役に立つ。他大学の学長との交流は重視していない。
K	養成できればよいと思うが、学長の選ばれ方は様々なので現実的には難しい。大学事務のメンターのような教授に育てられた。学内プロジェクトに参加することでOJTで育ってきたので、任せることでやりがいを感じてもらう経験を他の教職員にも提供している。	研修で育てるというよりもどういう人をどのようなポジションにつけて行くかが大事。

出所：筆者作成

積ませる必要性」に言及する学長が多かった。とくに管理職経験の長いD学長、G学長は明確にそのような意見を出した。D学長は「幹部候補生がある程度の教育を受けておく必要がある。そういう研修があったらよい」と語った。学長が1人で頑張らないことは、仲間を作り、政策を実現できるだけでなく、将来のトップを育てるうえで有効といえるだろう。ただ、将来の学長候補と期待を寄せていた人物が大学を離れてしまうケース、クリスチャンコードがあり候補者が限られる、一緒に苦労してくれる人を見つけるのはなかなか難しい、などの問題を指摘した学長もいた。

　教員は、委員会などでは片手間でまじめに考えないからそこから経営人材は育たない、というのはC学長とE学長で、C学長の場合は、「これはと思う人に副学長を担当してもらい、いよいよまずいということにならない限り任せる。」「1人で考えてもらい、ある程度まとまったら報告に来てもらうというのを何回か繰り返すなかで、学内プロセスを学んでもらう」ことを意識してやっており、E学長はだからこそ職員がさらに積極的に参加することの重要さを説いている。ただ、E学長は教職員や学生を交えて様々なテーマで議論するワークショップを開催しているが、管理職には半分強制的に参加してもらい、外部の研修にできるだけ参加を促している。

　A学長は、学長の選挙制度は維持したほうがよいと考えている。なぜなら「マニュフェストを作成し、それに対する支持として選ばれたのでそれに従ってやっていると最終的に言える」からである。そうすると、「予定されている学長はいないから、養成のしようがない。むしろ、できるだけ多くの教員が大学の全体像をわかっていることが大事」という結論になる。A学長自身も若い教員時代に学内のもめごとに巻き込まれた経験があったが、いろいろ考えるきっかけになり、もめごとも悪い面ばかりではないという。ただ、多くの教員が全体像を理解するためには、「外部の研修ではなく、学内で知る機会、議論する機会が増えるとよい」「身につまされなければ学ばないので、職についてわからないことがあればその時に必死に学ぶ。役員に求められるのは意思決定なので、むしろ優秀なスタッフと相談できる環境が重要。」と話した。研修については「他大学の学長の経験を知るのは勉強になる。たく

さん知ることで選択肢が増える」と語った。学内の経験を積み、自ら学ぶ中で育ってきたC学長やK学長はあまり研修に期待していない。C学長は「学者出身だと、自分の専攻分野に関してであるが、課題を見つけ、未知の問題を解決するという経験を積んでいる。その経験を自分の事例に帰属させるのでなく、学長という職責で生かせばよい。研修で聞いたからやってみようと思うことはない。外国の事例は制度が違うから、それをなぞってもたいてい失敗するが、キーワードは役に立つ」と話し、K学長は「時間もお金もないから研修はほとんど行かない。ほかの執行部をつれて懇親の場に連れ出す目的のほうが主」と話した。ただし「OJTでいろいろな規則を学んだが、体系的に学んでおけば、時間の節約になるし、学長になってからでは改革のスピードが遅くなる」とも話した。

　研修に関して異業種出身のJ学長は、「機会があればできるだけ参加する。外からきて法律や規定を理解しないと運営できないと実感した。その業界のルールが何かを知る必要があり、文部行政の話や事例紹介も役に立つ」「ただ情報懇談会などは、最初はでてみたが、今は他大学の学長との交流はあまり重視してない」と話したが、やはり学ぶことを重視していた。筆者は幸いにも今回のインタビュー調査以外にも学長にインタビューをする機会に恵まれてきて、印象深い学長がたくさんいるが、2004年から2012年まで長岡大学の学長を務めた原陽一郎氏を思い出した。原元学長は、定年まで民間企業（東レ）でプロジェクトマネージャーなどを務めたうえで学長になったが、まず大学についての全般的知識を学ぶ必要性を感じ、高等教育関係の60冊を超える文献を短時間で読破し、これをもとに「今なぜ大学改革か-21世紀の新しい大学像を求めて」（長岡大学ブックレット）をまとめた（両角2009）。それを読むと、今日の大学改革の必要性と方向性、その根拠がよく整理され具体的にまとめられており、改革推進の理論武装をする点で貴重な内容となっている。異業種出身の理事長も多いが、大学を改革に導いた理事長たちもまた高等教育や政策について非常によく勉強をしており、感心させられることが多々ある。

　学長の育成方法とは異なるが、任期について、E学長は「学長はある程度

の期間をやらないと難しい。現在6年目だが、4年目で変わるケースが多い」
と話した。A学長は3年の学長任期を4年にしたが、「1期目の1年目は前
任者が作った予算で動き、自分で作った予算で翌年を動かすと3年目は次の
予算を作って他の人に回すのでは時間が短すぎる」と語った。C学長は「前
任者が手がけたことをなるべく消そうとしがちだが、限られた任期を考える
と、種をまく人、育てる人、収穫する人が別々になるという長い視野での発
想が必要」と述べた。

7　結　語

　最後に本章で明らかになった知見を簡単にまとめておきたい。学長のリー
ダーシップについては、ビジョンを示し実現につなげていく能力や覚悟、教
職員の理解と協力を引き出すためのコミュニケーションや工夫といった側面
について、学長自身が語った言葉を用いながら述べてきた。学長の育成方法
については、学者出身学長の場合は、学内役職経験の効果が大きいが、それ
だけでなく、機会を作って勉強している点も明らかになった。学者経験のな
い学長の場合は一定の苦労はあるが、それぞれの持つ経験で補っていた。今
後の学長人材育成に対する考え方については、学長には一定の資質やマネジ
メント能力は必要なので、それを見極めて、役職を与え、研修の場に出ても
らうことで育成していくことの必要性について述べていた。優秀な学長たち
がそれぞれの機会をとらえて勉強していたことは非常に重要で、これまでの
ように経験だけで学長職を務められる時代は終わり、何らかのそうした機会
を増やしていくことが必要なのではないかと思われるし、そこでの教育・研
修のあり方は、実務者である学長とこの分野の研究者の共同作業で探ってい
くことも必要であると感じた。大きな期待と責任ばかりが押し付けられる形
になっている学長職について、インタビュー調査から改めて感じたのは、大
学は学長次第という面が大きいこと、学長という仕事の難しさとやりがいで
あり、優秀な人材がそうした職についていくことの躊躇いを少しでも減らし
ていくことや、学長人材を育てる・支援するという発想の重要性であった。

　残された課題は多いが、一つあげれば、とくに私立大学で学長のリーダーシップと理事長のリーダーシップの関係をどのように考えるか、という点である。ワントップ型の学長はいずれもそれを評価していた（A 学長「デメリットは忙しくなることだけ」、C 学長「経営マターと教学マターはほとんどのことが関係するからやりやすかった」、H 学長「理事長も兼ねていたから何でもできた」等）。私学の建学の理念の多様性、自主性を重視する観点から、非常に多様なガバナンスを許容する制度となっているが、そうした多様さを今後もどの程度まで維持し続けるのかが良いのかどうかを考える上でも、そうした研究が必要になっているように思う。

注

1　本章で扱ったインタビュー対象者には入っていないが、広島修道大学で 2 回、学長をつとめた市川先生に、2019 年 1 月にインタビュー調査をさせてもらった。ご本人がまとめられた論考（市川 2019）が発表されているので、あわせて参照されたい。

2　総長など、学長以外の呼称を用いているケースもあるが、ここではすべて「学長」と呼ぶことにする。

3　平野俊夫（大阪大学前学長）、2016、「国立大学改革の要諦—学長選考方法見直しを」日本経済新聞 2016 年 2 月 22 日。

4　インタビューで執行部チームの話にならなかったが、J 学長の大学では、毎月、執行部会議（メンバーは学長、副学長、学部長、教務部長、事務局長、案件によっては当該責任者）を開催し、諸連絡・意見交換を行い、意思疎通を図り、共通認識を持てるように努めているとのことである。

終　章

両角亜希子

1　本書のまとめ

　最後に本書で明らかになったことを簡単にまとめておきたい。第1部では大学上級管理職の仕事や研修について扱った。第1章の上級管理職の分析からは、学長は総合的な能力が求められるきわめて難しい仕事に従事していること、それにもかかわらず、学長や理事長などの上位層ほど研修を受けていない課題があること、また現状の育成の仕組みでは将来の経営人材が育っていない危機感を抱いていることを明らかにした。第2章の既存の研修等のレビューでは、大学経営の困難さが増すにつれて、研修が充実してきたことがわかった。第3章のアメリカの大学の管理職のサバイバルガイドでは、フォロワーシップの観点、具体的には信頼を得ること、誠実に接することなどを実践し続けることの重要性が強調されていた。第4章の大学教員調査の分析からは、教員の上級管理職に対する期待は高いが、現在の大学経営陣への不満や予算やポスト減などの学内問題への不安から、経営参画をさらに求め、それを手放すことを警戒する教員が多いという矛盾をはらんだ状況にあることを明らかにした。

　第2部では、学長たちがどのように育ち、どのように改革をリードしているのかについて扱った。第5章では、教員の大学改革へのモチベーションから3つのタイプに分類し、望ましいと考える運営の方式や管理職を引き受け

る条件が異なっていることを明らかにした。第6章では、学長の属性が経営に与える影響を検討した。大学の管理職になるための特別の研修や教育を受けている層はほとんどなく、学部長などの部局長経験や執行部の経験が学長職を務めるうえで、きわめて重要であることがしばしば語られる。少なくともそうした経験をしていない候補者に対して厳しく批判されることはよくあるように思われる。しかし、アンケート調査の結果からは、そうした学内役職の経験の有無の影響はほとんどないことが明らかになった。また、学長の在任年数によって、重視する項目や評価する能力などが異なっていることも明らかになった。第7章では、優秀な学長(学長経験者)に対するインタビュー調査から検討を行った。学長たちは、ビジョンを示し実現につなげる能力や覚悟といった組織目標を達成するための努力と、構成員の理解や協力を引き出すための工夫やコミュニケーションという大きく二側面を重視していた。学長の育成方法については、学者経験のある学長は、学内役職経験の効果が大きいが、それだけでなく、機会を作って高等教育や政策について学んでいた。学者経験のない学長の場合は一定の苦労があるが、それぞれの持つ経験のほか、やはり自ら学ぶことで役割を果たしていた。今後の学長人材育成に対する考え方については、自身が育った方法が望ましいと考える傾向があったが、学長には一定の資質がある人物に、役職を与え、同時に研修の場に出るなどの学習をしてもらうことで育成することが有用というのが共通項であった。

　学長をはじめとする上級管理職に対して、リーダーシップの発揮を期待する方向性自体は間違っていないが、単に権限や予算を付与するだけでなく、育成という観点が重要であるということが本研究を通じて改めて強く実感する結果であった。

2　学長セミナーの試行

　こうした実証研究を行いつつ、私たちはアクションリサーチの手法による研究を進めている。大学経営の分野では、理論と実践の往還が良い研究を生

み、実践への貢献も可能になると考えるからである。日本より先行している
アメリカの大学経営の研究に触れたときに、深く感じた印象は、研究と実践
の距離の近さや、そのことがもたらす大きな効果であった。その後実際に、
大学経営に関わる大学職員や経営者と深く議論する機会が増える中で、研究
の世界では見過ごされてきた重要な観点に気付かされる経験を多くしてきた。
そうした思いがあり、上級管理職の育成について学術的に検討するだけでな
く、実践とのかかわりを作る努力をしている。学長一人が経営を担っている
わけではないことは重々承知しているが、組織を変えるにはトップの意識を
変えるのが効果的で、また上級管理職の育成を訴えるメッセージも伝わりや
すく、まずは学長セミナーを試行してみようと考えた。

　海外では、例えば、ハーバード大学で1週間程度の新任学長研修がある[1]。
同じような内容を提供すること自体は不可能でもないし、そうした案の検討
も行った。学長が仕事をしておく上で、海外の大学の学長リーダーシップで
蓄積されてきた様々な知見、例えば参加を引き出すリーダーシップの重要性
などは知識として最初から持っていたほうが良いとも思うし、執行部チーム
やその支援体制をどのように構築するのが望ましいのか。学内情報の分析
IR（インスティテューショナル・リサーチ）が重要になっているが、それをどの
ような体制・人員で行っていけばよいのか。寄附募集の持つ可能性など、様々
な知識を提供することとも考えた。しかし、まずは、現在の日本の大学管理職
の状況を考えて、結果的には半日程度のセミナーを企画することにした。企
画する際に、3つの点にこだわった。ひとつ目は学長だけが出ることができ
て、代理出席を認めないこと。天城学長会議の話を聞き、学長は各大学に1
人しかいなく、孤独な立場で、それを真に理解できるものが学内にいないの
かもしれないと考え、学長同士が出会えて、気軽に話し合いができるように
配慮した。できるだけ同じような立場の学長同士のほうが議論しやすいと考
え、就任1年未満の学長と就任予定者に対象を限定した。また、第2章でみ
たように、国公立大学ではすでに初任者学長向けの研修があるが、私立大学
ではないことから、私立大学のみを対象として行うこととした。二つ目は、
あくまでもきっかけ作りをメインの目的として、こちら側が教えるタイプの

174

研修はしないこと。大学経営の研究をしていると、「うちの大学をどのようにしたらよいでしょうか」と尋ねられることが多いが、そもそもそれほど高い期待にこたえられるほどの能力も持ち合わしていないし、それを学内で検討することが重要だと考えるからだ。三つ目は、ネットワーキングを構築することの大切さである。優秀な学長にアドバイザー学長をお願いし、議論に入ってもらい、今後の様々な機会につながるように考えた。

こうしたアイディアで参加者が集まるのかどうか、まったく未知数であったが、2018年12月末に、東京大学で私立大学の初任者学長セミナーを初めて実施した。ありがたいことに、日本私立学校振興・共済事業団、日本私立大学連盟、日本私立大学協会の後援を得て、実施することができた。セミナーでは、筆者（両角）が趣旨説明を行ったうえで、関西学院大学の村田治学長に学長の仕事に関する基調講演を依頼し、村田学長のほか、共愛学園前橋国際大学の大森昭生学長、津田塾大学の髙橋裕子学長、芝浦工業大学の村上雅人学長、新潟医療福祉大学の山本正治学長、自由が丘産能短期大学の小林武夫学長の6名の現役学長にアドバイザーとして参加してもらい、参加学長らと班別に意見交換をする形で実施した。

受講対象を就任1年未満の初任者学長と学長就任予定者として、それに該当する可能性があるのは国内で50名程度ではないかとホームページでの調査等から推測し、全国の私立大学・短期大学に定員20人で呼びかけたところ、募集開始から数日で定員に達し、その後も「ぜひ参加したい」という声が続いたため、急きょ会場を変更し、定員を30人に増やした。30人のうち10名が就任予定者であった。私立大学の学長は、理事長と兼任型、別人型があるが、今回の参加者は全員が別人型であった。アドバイザー学長を誰に頼むのがよいか、企画をするときに最も頭を悩ませたが、理事長を兼任している学長をあえて今回ははずした。そのことの影響があったのかもしれないが、別人型の学長の悩みの大きさと複雑さというのもあると考えている。いずれの班でも、初任者学長が直面している悩みをリラックスした様子で語り、アドバイザーを含めた活発で自由な意見交換が行われた。セミナーの実施で、初任学長、特に別人型の学長の間でアウトプット型研修のニーズが極めて高

いことが裏付けられた。学長セミナーに参加してくれた学長たちは、その後
の自大学での改革の奮闘の様子をメールや手紙で報告してくれたり、学長セ
ミナーに参加したことで「これは大変だと思い、様々な研修の機会があれば
できるだけ出るようにしている」と報告してくれたりと、ありがたい関係を
構築させてもらっている。若輩者の研究者が学長を育てるなどというとおこ
がましく聞こえるかもしれないと心配していたが、実際に多くの学長と接す
るとそれが切実に求められていることを実感している。一度、試行してみる
だけの予定であったが、参加してくれた学長たちから、「楽しかった」「次は
いつやるのか」「ぜひ続けてほしい」と熱いメッセージを寄せてもらい、しば
らく年に一度程度の試行を続けて、どのように発展可能性があるかを検討し
てみるつもりである。研究上の関心からも、すでに育った優秀な学長に振り
返って話をしてもらうのではなく、どのように学長たちが育っていくのかを
見せてもらう貴重な機会になると期待している。研修という観点では、いず
れかの段階で、アメリカの大学専門職団体のように、学長たち自身が研修を
企画し、運営していくように育っていくことを期待しているところで、その
ためにどのような協力や仕組みづくりができるのかを考える必要があると感
じている。

　ただ、あくまでもこれは試行であり、一研究者、一大学が単発でできるこ
とは限られる。学長人材の育成は日本の大学全体の課題だという発想を行政
も社会も大学界も共有し、継続的で組織的な実践につなげることが重要であ
り、そのためにまだ研究は途上であるにもかかわらず、本書を世に出すこと
にした。こうした発想が共有されない限り、学長職は責任が重いだけの損な
役回りとして忌避され、学長のリーダーシップに基づく大学改革という政策
が砂上の楼閣になってしまうだろうし、大学の発展可能性も低くなってしま
うのではないかと思う。

　2019年12月にも第2回の私立大学の初任者学長セミナーを開催予定だ。
午前には昨年の参加者のみが集まり、1年の改革努力の成果や課題を持ち
寄って議論し、午後には今年の新任学長を対象とした昨年と同様の内容を提
供する予定である。こうした一部の試みだけで限界はあり、本書の知見が既

存の大学団体等の研修のさらなる発展、あるいは新たなプログラムの構築に少しでも貢献できれば幸いである。

3 残された課題

本書にまとめるまでに様々な場面で研究内容を発表させていただき、貴重なご意見をいただいたが、筆者の能力不足により反映されていないことも多い。研究の途上にあり、残された課題も少なくない。上級管理職の能力育成の重要性を訴えたく、議論のとっかかりとして、キーパーソンである学長を中心に本書では検討してきた。しかし、当然ながら、学長一人で経営をしているわけではなく、学長を支える執行部や事務組織の能力向上もまた重要である。学長以外の上級管理職の育成をどのように考えていくのかも当然考えていかなえればならない。執行部チームをどのように作り、どのように協力しつつ役割分担し、うまく機能させていくのかも実践上は重要な問いであるが、そうした観点の研究はまだほとんどない。そうしたタイプの研究に位置づくと思うが、理事長と学長が別人の場合のそれぞれの役割については、改めて詳細な検討が必要だと認識している。私立大学のみならず、国立大学でも一法人複数大学制度ができたことで別人型を選択可能になり、設置形態を問わずに重要な課題になると考えている。

私たちの研究チームでは、2019年2月に財務担当理事・副学長へのアンケート調査を実施し、2020年1月には教育担当理事・副学長へのアンケート調査も計画中で、こうした問題に対し、学術的な研究から検討すると同時に、研修等の試行とその望ましいあり方の模索も続けている。アンケートの分析からは、セクショナリズムの強さ、学内コミュニケーションの不足による弊害や支援体制の不足など、逆に言えば、それらを改善することによって大学経営がよりよくなる可能性など、様々な知見が明らかになりつつある。それらについては、また別の機会に発表したい。

注

1　ハーバード大学のプログラム Harvard Institutes for Higher Education は 1980 年代から続いている（中島 2012）。管理職経験 3 〜 7 年が対象の Management Development Program（12 日間、参加費約 7300 ドル）、学長就任 1 年以内が対象の Harvard Seminar for Now Presidents（5 日間、参加費約 5900 ドル）など、いくつかのプログラムがある。ビジネススクールで採用されているケースメソッド教育を行う点、参加者を 1 か所に集めた集合型・合宿型でネットワーキングを兼ねるために施設や食事の質が高く、参加費が高い点に特徴があるという。

文献リスト

赤井伸郎・中村悦広 (2009)「国立大学の内部ガバナンスと大学の財務運営―法人化後の大学内部のガバナンス改革は大学経営の改善に寄与するのか」RIETI Discussion Paper Series 09-J-007.（https://www.rieti.go.jp/jp/publications/dp/09j007.pdf, 2018.1.7）.

天野郁夫 (1997)『大学を語る―22 人の学長』玉川大学出版部.

天野郁夫 (2000)『学長　大学改革への挑戦』玉川大学出版部.

天野郁夫 (2013)『大学改革を問い直す』、慶應義塾大学出版会.

有本章編著 (2008)『変貌する日本の大学教授職』玉川大学出版部.

──── (2011)『変貌する世界の大学教授職』玉川大学出版部.

安西祐一郎 (2004)『未来を先導する大学 - 慶應義塾長、世界の学長と語る』慶應義塾大学出版会.

市川太一 (2007)『30 年後を展望する中規模大学』東信堂.

──── (2019)「学長への道―私のキャリアと人生の視点から」『私学経営』535: 4-10.

一般社団法人大学行政管理学会大学事務組織研究会編 (2018)『大学事務職員の履歴書』学校経理研究会.

岩田年浩 (2017)『学長奮闘記―学長変われば大学変えられる』東信堂.

上杉道世 (2003)『大学職員は成長する―進化する大学新段階の SD』学校経理研究会.

潮木守一 (2009)『職業としての大学教授』中公叢書.

江原武一 (2010)『転換期日本の大学改革―アメリカとの比較』東信堂.

──── (2013)「大学と国家・市場」広田照幸ほか編『組織としての大学』岩波書店 ,25-52 頁.

王帥・両角亜希子 (2016)「大学上級管理職の経営能力養成の現状と将来展望」『大学経営政策研究』6: 19-32.

大場淳 (2004)「第 4 章　米国における大学職員の開発」大場淳（編）『諸外国の大学職員《米国・英国編》』『高等教育研究叢書』79: 33-49.

──── (2011)「大学のガバナンス改革―組織文化とリーダーシップを巡って」『名古屋高等教育研究』11: 253-72.

岡村美由規 (2013)「第 2 章　イギリスの大学のガバナンス―学内運営組織と行動指針に注目して」秦由美子（編）『イギリスの大学におけるガバナンス　高等教育研究叢書』121: 24-34.

奥島孝康 (2002)『ユニバーシティ・ガバナンス―早稲田大学の改革』早稲田大学出版部.

小川洋 (2016)『消えゆく「限界大学」: 私立大学定員割れの構造』白水社.

梶田叡一 (2015)「4 大学の学長職の経験から考える」『IDE 現代の高等教育』567: 54-8.

川嶋太津夫 (2007)「国立大学の法人化と学長職の変容」『国立大学法人化後の財務・経営に関する研究』国立大学財務・経営センター研究報告第 10 号: 101-114.

——— (2016)『大学における学術管理職と経営管理職の総合関係システムに関する国際比較研究』(平成 24 ～ 27 年度科学研究費補助金 (基盤研究 (A)) 研究成果報告書).

教育再生実行会議 (2013)『これからの大学教育等の在り方について (第三次提言)』.

北城格太郎 (2015)「学長のリーダーシップとは」『IDE 現代の高等教育』567: 17-20.

清成忠男 (2001)『21 世紀の私立大学の挑戦』法政大学出版局.

クーゼス, J. M.・ポズナー, B. Z. (高木直二訳) (2010)『大学経営 起死回生のリーダーシップ』東洋経済新報社.

黒木登志夫 (2009)『落下傘学長奮闘記—大学法人化の現場から』中央公論新社

経済同友会 (2012)『私立大学におけるガバナンス改革—高等教育の質の向上を目指して』.

五神真 (2017)『変革を駆動する大学—社会との連携から協創へ』東京大学出版会.

塩﨑均 (2017)『教えて！学長先生—近代学長「常識破りの大学解体新書」』中央公論新社.

私学高等教育研究所 (2007)『私大経営システムの分析』.

——— (2013)『私学高等教育研究叢書: 中長期経営システムの確立、強化に向けて』.

篠田道夫 (2009)『大学アドミニストレーター論 - 職務執行を担う職員』学法文化センター出版部.

——— (2013)「学長の"統括力"を強化するガバナンスとマネジメントの一体改革」『Between』No.251, 4-6 頁.

——— (2017)『経営戦略 111 大学事例集』東信堂.

鈴木邦雄 (2017)『ハマの大学！学長のおさらい』ジアース教育新社.

高野篤子 (2012)『アメリカ大学管理運営職の養成』東信堂.

——— (2018)『イギリス大学経営人材の養成』東信堂.

高木幸道 (1995)『学長リーダーシップを問う - 私大協会"学長調査"を中心として』学校経理研究会.

中央教育審議会 (2014)『大学のガバナンス改革の推進について』(審議のまとめ)』.

東京大学 (2007)『世界の有力大学の国際化の動向 (調査報告書)』.

中島英博 (2011)「大学における管理職研修の開発と課題—ロンドン大学教育学院におけるアカデミック・アドミニストレータ研修」名城大学『大学・学校づくり研究』3: 31-41.

——— (2012)「アメリカにおける大学執行部向け研修の現状と課題」『名古屋高等

教育研究』第 12 号.

――――（2013）「教学管理職を対象としたリーダーシップ能力向上のための研修教材開発」『大学・学校づくり研究』第 5 号.

夏目達也（2013）『大学経営高度化を実現するアカデミック・リーダーシップ形成・継承・発展に関する研究』（平成 22 年度～平成 24 年度科学研究費補助金（基盤研究（B））最終報告書）.

納谷廣美（2016）『前へ、そして世界へ』創英社.

――――（2018）「学長のリーダーシップの確立を求めて」『IDE 現代の高等教育』606: 28-32.

日本経済団体連合会（2018）『今後のわが国の大学改革のあり方に関する提言』.

日本高等教育学会（2014）『大学教育のマネジメントと革新』.

野田一夫（1999）『大学の大学改革』産能大学出版部.

秦由美子（2013）「イギリスにおける大学経営人材養成」山本眞一編『教職協働時代の大学経営人材養成方策に関する研究（高等教育研究叢書）』123.

羽田貴史（2014）「教育マネジメントと学長リーダーシップ論」日本高等教育学会編『高等教育研究　第 17 集』日本高等教育学会.

林勇二郎（2007）『法人化と大学改革のはざまで―金沢大学の矜恃』北國新聞社.

濱名篤（2018）『学習成果への挑戦―地方大学からの教育改革』東信堂.

広島大学大学教育研究センター組織・運営プロジェクト（1976）『大学の組織・運営に関する総合的研究―日本の大学における意思決定過程の現状と課題』大学研究ノート第 26 号.

広島大学高等教育研究開発センター（2007）『大学の組織変容に関する調査研究（COE 研究シリーズ 27）』広島大学高等教育研究開発センター.

広田照幸（2013）「序論：大学という組織をどう見るか」広田照幸ほか編『組織としての大学』岩波書店，1-24 頁.

平本早雪・両角亜希子（2018）「私立大学における学長の属性と影響力―上級管理職調査から」『東京大学大学院教育学研究科紀要』57: 147-164.

福留東土（2012）「2 米国 I ―訪問調査―」大場淳（研究代表）『諸外国の大学の教学ガバナンスに関する調査研究―米国・英国・フランス―〈最終報告書〉』9-31.

藤村正司（2008）「管理運営と離職性向」有本章編著『変貌する日本の大学教授職』玉川大学出版部.

――――（2010）「大学教員と管理運営」『IDE 現代の高等教育』519: 33-38 頁.

――――（2011）「管理運営」有本章編著『変貌する世界の大学教授職』玉川大学出版部.

淵上克義（2013）「大学におけるリーダーシップの形成」『名古屋高等教育研究』13: 213-34.

ボック、デレック（宮田由紀夫訳）（2015）『アメリカの高等教育』玉川大学出版部.

本間政雄（2015）「大学のトップ人材をいかに育成するか」『大学マネジメント』11（9）：
　　2-13.

松本紘（2014）『京都から大学を変える』祥伝社.

─────（2015）「学長のリーダーシップ」『IDE 現代の高等教育』567: 4-11.

─────（2016）『改革は実行　私の履歴書』日本経済新聞出版社.

松本雄一郎（2018）「大学の経営・教学指導人材の育成と確保に関する全国学長調査」『大
　　学マネジメント』13（10）：2-7.

前田一之（2017）「組織文化と学長リーダーシップに関する実証的研究─全国国公私立
　　大学の副学長アンケート調査結果から」『大学論集』49: 85-100.

水田健輔（2015）「国立大学長の機関運営に関する実態調査結果─過去の調査結果との
　　比較を中心として」『IDE 現代の高等教育』574: 60-65.

南原和久（2015）「大学ガバナンスの変容とその構造的背景～学校教育法第 93 条改正
　　問題」『長崎県立大学経済学部論集』48（4）：15-52.

三隅二不二（1966）『新しいリーダーシップ─集団指導の行動科学』ダイヤモンド社.

─────（1986）『リーダーシップの科学─指導力の科学的診断法』講談社.

村山誌帆（2017）「大学におけるリーダーシップ」『高等教育研究叢書』138: 79-88.

村澤昌崇（2017）「大学におけるリーダーシップと環境・戦略・組織特性そして成果─
　　全国学部長アンケート調査に依拠して」『高等教育研究叢書』138: 43-64.

両角亜希子（2009）「学生獲得に向けた地方小規模大学の挑戦（事例：長岡大学）」『カレッ
　　ジマネジメント』156: 20-22.

─────（2010）『私立大学の経営と拡大・再編─1980 年代後半以降の動態』東信堂.

─────（2013a）「私立大学の中長期経営システム」『私学高等教育叢書：中長期
　　経営システムの確立、強化に向けて』67-100 頁.

─────（2013b）「教学ガバナンスの日本固有の特徴」『Between』251: 7 頁.

─────（2014）「大学教員の意思決定参加に対する現状と将来像」広島大学高等教育
　　研究開発センター『大学論集』45: 65-79.

─────（2018a）「教員から見た大学の自律性」『IDE 現代の高等教育』603:44-50.

─────（2018b）「大学の組織」東京大学大学経営・政策コース『大学経営・政策入門』
　　東信堂.

─────（2019）「日本の大学ガバナンスの課題─高等教育政策の変容と大学の自律性」
　　東京大学教育学部教育ガバナンス研究会編『グローバル化時代の教育改革─教育
　　の質保証とガバナンス』東京大学出版会.

両角亜希子・小方直幸（2012）「大学経営と事務組織」『東京大学大学院教育学研究科紀
　　要』第 51 巻 ,159-174 頁.

両角亜希子・小林武夫・塩田邦成・福井文威 (2018)「大学上級管理職向け研修・教育プログラムの現状と課題」『大学経営政策研究』8: 95-111.

矢田俊文 (2010)『北九州市立大学改革物語―地域主権の時代をリードする』九州大学出版会.

矢野眞和 (2005)『大学改革の海図』玉川大学出版部.

山本健慈 (2015)『地方国立大学―学長の約束と挑戦』高文研.

山本眞一編 (2013)『教職協働時代の大学経営人材養成に関する研究』高等教育研究叢書 123，広島大学高等教育研究開発センター.

山本眞一・野田邦弘・村上義紀 (2005)『新時代の大学経営人材―アドミニストレーター養成を考える』ジアース教育新社.

山本正治 (2018)『マイウェイ学長の記録』新潟日報事業社.

山崎その・宮嶋恒二・伊多波良雄 (2018)『これからの大学経営―ガバナンス、マネジメント、リーダーシップ』晃洋書房.

吉田文 (2014)「大学院における大学経営人材育成―イギリス IOE の事例」『IDE 現代の高等教育』562.

吉永契一郎 (2013)「アメリカにおける教育担当副学長のリーダーシップ開発」夏目達也編著『大学経営高度化を実現するアカデミック・リーダーシップ形成・継承・発展に関する研究』(平成 22 〜 24 年度科学研究費補助金 (基盤研究 (B)) 最終報告書).

―――― (2016)「アメリカの研究大学における大学運営集団の二重性」名古屋高等教育研究 (16)：69-85.

吉岡知哉 (2015)「大学とリーダーシップ」『IDE 現代の高等教育』567: 46-9.

Bess, J. L., & Dee, J. L. (2012) *Understanding college and university organization: Theories for effective policy and practice* (Volume I – The state of the system). Sterling, VA: Stylus Publishing, LLC.

―――― (2012) *Understanding college and university organization: Theories for effective policy and practice* (Volume II – Dynamics of the system). Sterling, VA: Stylus Publishing, LLC.

Birnbaum, R. (1988) *How colleges work: The cybernetics of academic organization and leadership*. San Francisco, CA: Jossey-Bass.

―――― (1992) *How academic leadership works: Understanding success and failure in the college presidency*. San Francisco, CA: Jossey-Bass.

Charles Walker, 2008, Motivation in the higher education workplace, James L. Bess、Jay R. Dee (Eds.), *Understanding College and University Organization*, STYLUS PUBLISHING, LLC

Dhir, K. S. (Ed.). (2008) *Dean's perspective: Issues in Academic leadership in schools of business*.：Decision Science Institute. (= 2011, 佐藤修訳『大学学部長の役割：米国経営系学部の研究・教育・サービス』中央経済社.)

Crow, M. & Dabars, W. (2015) *Designing the New American University*, Johns Hopkins University Press.

Fitch, P., & Brunt, B.R. (2016) *A guide to leadership and management in higher education: Managing across the generations*. New York, NY: Routledge.

Greenleaf, R. K. (1998) *The power of servant leadership*. Larry C. Spears (Ed.). Oakland, CA: Berrett-Koehler Publishers.

——— (2002) *Servant leadership: A journey into the nature of legitimate power and greatness*. New York, NY: Paulist Press.

Gunsalus, C. K. (2006) *The college administrator's survival guide*. Cambridge, MA: Harvard University Press.

Kaplan, G.E. (2004). "How Academic Ship Actually Navigate" In Ehrenberg R.G, *Governing Academia*. NY: Cornell University Press.

Kouzes, J. M., & Posne, B. Z. (2002) *The leadership challenge* (3rd ed.). San Francisco, CA: Jossey-Bass.

Letizia, A. J. (2018) *Using servant leadership: How to reframe the core functions of higher education*. New Brunswick, NJ: Rutgers University Press.

Locke W. et al. (eds) (2011). *Changing Governance and Management in Higher Education*, Springer.

Manning, K. (2018) *Organizational theory in higher education* (2nd ed.). New York, NY: Routledge.

Pierce, S. R. (2012) *On being presidential: A guide for college and university leaders*. San Francisco, CA: Jossey-Bass.

——— (2014) *Governance reconsidered; How boards, presidents, administrators, and faculty can help their colleges thrive*. San Francisco, CA: Jossey-Bass.

Poppy Fitch and Brian Van Brunt, 2016, *A Guide to Leadership and Management in Higher Education*, Routledge

Reich, R. B. (1991) *The work of nations: Preparing ourselves for 21st-cenury capitalism*. New York, NY: Alfred A. Knopf.

Robbins, S. P. (2001) *Organizational behavior* (9th ed.). Upper Saddle River, NJ: Prentice-Hall, Inc.

Ruben, Brent D., De Lisi, R., and Gigliotti, R. A., 2016, *A Guide for Leaders in Higher Education: Core Concepts, Competencies, and Tools*, Stylus Publishing.

Stoner, J. A., & Freeman, R. E. (1992) *Management* (5th ed.). Englewood Cliffs, NJ: Prentice-Hall, Inc.

Trachtenberg, S. J., Kauvar, G.B., & Gee, E. G. (Eds.). (2018) *Leading colleges and universities: Lessons from higher education leaders*. Baltimore, MD: Johns Hopkins University Press.

Wheeler, D. (2012) *Servant leadership for higher education: Principles and practices*. San Francisco, CA: Jossey-Bass.

Wren, D. (1987) *The evolution of management thought* (3rd ed.). New York, NY: John Wiley and Sons.

資　料

2013年2月

大学における意思決定と運営に関する調査（教員編）

東京大学大学院 教育学研究科 大学経営・政策研究センター

●この調査は、大学の専任教員の方々に対して、大学における意思決定と運営についての実態やご意見をお伺いし、今後の大学経営について学術的に検討することを目的としています。

●いただいた回答はすべて統計的に処理され、あなた個人についての情報が他の目的で使われることは決してありません。本調査票は、<u>2月15日ごろまでに</u>、同封の返信用封筒（切手不要）にてご返信ください。（15日以降も受け付けております。）

●この調査は平成24年度『日本学術振興会科学研究費補助金　基盤研究（A）』（大学における学術管理職と経営管理職の相互作用システムに関する国際比較研究）の一環で、東京大学教育学研究科大学経営・政策研究センター(http://ump.p.u-tokyo.ac.jp/crump/)が行うものです。実際の調査票の配布・回収の業務については、社団法人　輿論科学協会に委託しています。お問い合わせは下記までお願いします。

委託先：社団法人　輿論科学協会　担当：

フリーダイヤル **0120−※※※−※※※**　（平日 10：00〜18：00）

N＝1638

1．勤務先の大学について

問1　あなたの勤務先大学についてお答えください。（○は1つずつ）

①	設置形態
22.6	国立
7.7	公立
69.7	私立

②	学部数
11.7	1学部
14.0	2学部
73.3	3学部以上

②	私立の方のみ、お答えください。
30.3	理事長は創業者本人あるいは親族である
64.9	理事長は創業者本人あるいは親族ではない
3.7	わからない

問2　あなたの勤務先<u>学部</u>のおおよその専任教員数について、お答えください。（○は1つ）

6.4	20名未満
37.7	20−50名未満
30.6	50−100名未満
23.9	100名以上

2．大学運営の仕組みと関与について

問3　管理的な役職や委員会等の経験についてお答えください。（○はいくつでも）

	① 現在の勤務大学で	② 以前の勤務先で
a. 部局の管理的役職　（学部長、研究所長など）	22.7	3.3
b. 全学的意思の審議・決定機関の役職　（役員会・大学運営協議会・理事会・評議員会のメンバー、学長補佐など）	26.6	3.7
c. 学部内の役職　（副学部長、学部長補佐、学科主任など）	48.3	5.1
d. 全学レベルの委員会の委員長・主査　（常置・臨時を問わず全学的規模で設置された委員会）	31.3	5.6
e. 全学レベルの委員会のメンバー　（常置・臨時を問わず全学的規模で設置された委員会）	76.4	16.0
f. 学部内の委員会の委員長・主査　（常置・臨時を問わず学部・学科内で設置された委員会）	60.0	10.1
g. その他（具体的に：　　　　　　　　　　）	3.2	1.0
h. いずれの経験もない	5.9	12.0

問4　あなたの所属大学の全学レベルの審議・議決内容について、関心の程度と得ている情報の程度についてお答えください。（○は1つずつ）。

	① 関心の程度			② 得ている情報		
	ほとんど関心を持っていない	ある程度関心を持っている	強い関心を持っている	ほとんど情報を得ていない	ある程度の情報を得ている	詳しい情報を得ている
a. 戦略・企画	4.5	49.3	44.7	20.1	63.4	14.0
b. 財務・施設	8.1	59.4	30.8	30.9	58.9	7.4
c. 人事・労務	10.6	56.9	30.8	35.5	53.6	8.2
d. 学術・研究	2.0	33.3	63.2	7.2	66.8	23.5
e. 教育・学生	1.2	23.6	73.8	3.7	59.2	34.6

問5　全学レベルの情報はどのような方法で得ていますか。（○は1つずつ）

	ほとんどない	ある程度ある	よくある
a. 教授会やそれに準ずる機関での報告を通じて	2.9	36.9	58.7
b. ホームページや学内広報誌を通じて	18.8	59.6	19.0
c. 出席者や同僚とのインフォーマルな会話を通じて	15.1	59.3	23.3
d. 直接に全学レベルの管理機関に参加して	34.2	36.7	27.0
e. その他（具体的に　　　　　　　　　　）	11.5	2.4	1.5

問6　あなたの勤務先学部の教授会について、お答えください。

教授会の開催回数　・　年に　[14.2]　回程度

・１回あたり　[2.1]　時間程度

問7　学部教授会について、あてはまるものをお答えください。（〇は1つずつ）

	あてはまらない・該当せず	あまりあてはまらない	ある程度あてはまる	あてはまる
a. 教授会の構成員である	4.8	0.1	1.6	91.9
b. 教授会にはほぼ出席している	3.9	0.4	3.8	89.8
c. 積極的に発言している	14.0	32.8	30.5	20.3
d. 十分な議論が行われる場である	9.5	32.4	41.8	13.7
e. 委員会などに議論を委譲できる余地は大きい	6.7	24.8	50.0	15.6
f. 執行部からの要求や圧力があり、部局の自主的な意思決定が制約されることがある	23.8	39.9	25.0	8.5
g. 審議・決定した事項でも実行されない場合がある	28.4	47.5	17.5	3.7
h. 発言が特定の人に偏って、議論が片寄るきらいがある	11.3	39.3	37.2	9.5
i. 学部長はリーダーシップを発揮している	5.5	13.1	47.4	31.0
j. 重要案件は学長等の役員が直接教授会の場に説明に来る	25.6	24.5	27.6	19.7

問8　以下の事柄について、教員が実質的にどの程度意思決定に関与できていると思いますか。また、今後の教員関与のあり方について、どうお考えですか。（〇は1つずつ）

	① 現在の教員の意思決定への実質的関与				② 今後の教員関与のあり方		
	ほとんどない	あまりない	ある程度ある	かなりある	減らすべき	現状で良い	もっと増やすべき
a. カリキュラムの編成	1.4	6.1	33.9	57.4	1.8	76.7	19.7
b. 授業の割り当て	2.5	7.9	38.6	49.8	3.7	76.2	18.1
c. 教員の採用・昇任	7.5	13.3	41.4	36.4	1.1	70.3	26.3
d. ポスト・分野の配分	13.1	30.2	38.4	17.0	1.8	58.7	37.1
e. 学内予算の配分	25.5	39.1	28.2	5.7	1.0	46.2	50.4
f. 全学共通教育	10.8	32.9	42.4	12.1	3.3	58.9	35.5
g. 大学の将来計画	17.4	37.4	38.3	5.4	1.2	38.4	58.4

問9　あなた自身の教育・研究条件を直接左右するような課題（たとえば人事、予算、あるいは教務等）
　　について、あなたの意見は教授会の意思決定に反映されていると思いますか。　（○は1つ）

8.4	十分反映されていると思う
53.6	ある程度反映されていると思う
24.7	あまり反映されていないと思う
11.4	ほとんど反映されていないと思う

問10　学長や学部長は、実質的にどのように選任されていますか。もっとも近いものを1つずつ選んでく
　　ださい。（○は1つずつ）

① 学長	
41.0	実質的に、教員の選挙で決まる
23.1	教員の選挙はあるが、最終的には理事会や学長選考委員会で決定される
33.8	教員の選挙はなく、理事会や学長選考委員会で決定される

② 学部長	
64.1	実質的に、教員の選挙で決まる
8.9	教員の選挙はあるが、最終的には理事会や学長などで決定される
24.5	教員の選挙はなく、理事会や学長などトップの決定による

問11　現在、所属学部で何が問題となっていますか。（○は1つずつ）

		あまり問題になっていない	ある程度問題になっている	とても問題になっている
a.	学生の確保	20.8	36.3	41.6
b.	学生の休学・退学問題	31.3	41.7	25.5
c.	学生の就職問題	20.9	42.1	35.7
d.	教員ポストの削減	39.3	34.6	24.7
e.	研究費や運営予算の削減	28.7	42.4	27.4
f.	教員1人あたりの授業コマ数	31.3	48.9	18.6
g.	教育内容の標準化・共通化	30.8	55.5	12.1
h.	カリキュラム改訂	14.6	54.3	29.8
i.	学部の改組・再編	34.3	35.4	28.7
j.	国際化への対応	33.3	46.7	18.6
k.	その他（具体的に　　　　　　　　　　　　　　　　　）			

問15　あなたの大学の執行部に何を期待していますか。また、現時点での評価はどのようなものです
か。（○は1つずつ）

	① 期待			② 現状の評価		
	あまり期待しない	ある程度期待する	とても期待する	評価しない	ある程度評価する	とても評価する
a. ビジョンを示すこと	4.8	32.2	61.7	32.5	58.1	7.0
b. 強い実行力をもつこと	8.3	41.6	48.7	28.8	61.5	7.2
c. 部局間の調整すること	5.4	43.6	49.5	34.5	58.1	4.6
d. 構成員の意見に耳を傾けること	3.1	33.9	61.7	34.0	56.8	6.7
e. 大学の顔としての役割を果たすこと	9.5	38.6	50.4	27.5	60.8	9.1
f. 自大学の状況をよく理解していること	2.2	27.7	68.7	23.1	61.2	13.2

問16　あなたの大学の将来について、あなたの考えにあてはまるものをお答えください。　　（○は1つずつ）

	そう思わない	あまりそう思わない	ある程度そう思う	そう思う
a. 勤務先大学の改革の方向性は正しいと思う	9.6	31.9	49.2	7.9
b. 勤務先の経営状態が不安だ	12.3	42.5	27.2	16.9
c. 数年後には所属学部は統廃合されるかもしれない	24.0	34.6	26.4	13.6
d. 将来の学部や大学を背負っていく人材が育っている	11.3	44.3	38.9	4.4

問17　日本の大学運営の今後の方向性について、あなたの考えにあてはまるものをお答えください。（○は1つずつ）

	そう思わない	あまりそう思わない	ある程度そう思う	そう思う
a. 学長は学内の教授から選ぶことが望ましい	5.1	22.0	37.0	34.8
b. 教員による学長選挙は不可欠だ	4.1	14.5	30.1	50.4
c. 学部教授会の権限は縮小していく必要がある	30.3	52.3	13.2	2.9
d. 全学的視点から学部長を選ぶべきだ	5.2	21.9	40.7	30.9
e. 学外者がもっと経営に参加すべきだ	19.2	40.1	31.0	8.5
f. 事務職員の業務能力を高めて、責任と権限を持たせるべきだ	2.1	14.4	55.1	27.2
g. ある時点で学長や理事になる学術管理職へのキャリアに進むか否かを選ぶシステムにすべきだ	9.5	44.4	34.4	10.3
h. 教員は教育志向、研究志向、管理職志向などを選べるようにした方がよい	9.6	30.8	38.5	19.8

4．あなたご自身について

問18　あなたは大学教員の仕事として、次の活動をどの程度、重視したいとおもっておられますか。
（○は1つずつ）

	全く 重視しない	あまり 重視しない	ある程度 重視する	とても 重視する
a．個人研究や共同研究を通じて、学問上の成果を高めること	0.1	3.4	36.8	58.9
b．よい授業を行うために準備し、学生の学問上の指導に力を入れること	0.1	0.8	37.2	61.2
c．学生との人間的接触をはかり、個人的な悩みにも応ずること	1.3	13.9	55.0	29.0
d．管理的な仕事を通じて学内の日常の運営に寄与すること	4.8	35.4	48.5	10.1
e．委員会活動などを通じて、大学の将来計画の立案や改革に努力すること	3.2	26.6	56.0	13.2
f．意見発表や行動を通じて、社会の要請や問題解決に貢献すること	2.5	21.7	55.0	19.8

問19　あなたの担当授業コマ数（講義・演習・実習等の概数）を、他校の非常勤担当分も含めて、お答えください。　おおよそ90分の授業15回分を1コマとお考えください。

年間（今年度）　| 10.7 |　コマ

問20　あなたのプロフィールをご記入ください。(○は1つずつ)

①	職階
71.0	教授
22.3	准教授
5.4	講師
0.6	助教・助手
－	その他 （　　　　）

②	年齢
0.2	20歳台
7.9	30歳台
25.1	40歳台
39.4	50歳台
26.4	60歳台以上

③	性別
79.5	男性
19.6	女性

④	現勤務大学での勤務年数
9.6	3年未満
9.5	3年以上5年未満
39.8	5年以上15年未満
40.2	15年以上

問21　現在の職に、任期は付いていますか。（○は1つ）

77.5	任期はない
17.8	任期はあるが、更新の可能性がある
4.0	任期はあり、更新もほとんど見込めない

問22　あなたの専門分野をお答えください。（○は1つ）

15.3　人文科学	3.2　数物系科学	6.3.　医・歯学	3.7　芸術・デザイン
6.3　法学・政治学	2.2　化学	6.7　薬学・看護学	3.6　情報
13.5　経済学・経営学	9.9　工学	5.0　健康関連	2.3　そのほか 下に記入してください
7.8　社会学・心理学	2.3　生物学	2.1　生活科学	
5.8　教育学	3.8　農学		

問23　あなたがこれまでに経験したものに○をつけてください。（○はいくつでも）

31.6	他の国公立大学に勤務したことがある
28.3	他の私立大学に勤務したことがある
7.7	海外の大学に勤務したことがある
6.0	政府機関（関連機関含む）に勤務したことがある
10.0	研究機関に勤務したことがある
20.5	民間企業に勤務したことがある
24.8	いずれも該当しない

問24　最後に、大学運営のあり方などについて、ご意見を自由にお書きください。

ご協力ありがとうございました

2015年2月

大学上級管理職の現状と将来展望に関する調査

東京大学大学院 教育学研究科 大学経営・政策研究センター

●この調査は、大学の上級管理職の方々から、その現状と将来展望についてご意見をいただくことを目的にしております。つきましては、ご記入に当たっては、ご本人による率直なご回答をお願い致します。

●いただいた情報は匿名で処理されます。従って、個人が特定される分析やあなたご自身についての情報が他の目的で使われることは決してありません。本調査票は、**2月23日（月）**ごろまでに、同封の返信用封筒（切手不要）にてご返信ください。（23日以降も受け付けております。）

●この調査は『文部科学省科学研究費補助金　基盤研究（A）』を得て、東京大学大学院教育学研究科大学経営・政策研究センター（http://ump.p.u-tokyo.ac.jp/crump/）が行うものです。実際の調査票の配布・回収の業務については、一般社団法人 輿論科学協会に委託しています。お問い合わせは下記までお願い致します。

委託先：一般社団法人輿論科学協会　アンケート事務局　担当：

フリーダイヤル　**０１２０－※※※－※※※**（平日 10:00～18:00）

1．現在の役職と大学運営の仕組みについて

問1　あなたの現在の主な役職1つに〇をおつけください。

また、兼任されている業務がございましたら、該当する職種すべてに〇をつけてください。

〔現在の役職〕（〇は1つ）　　　　　　　　〔兼任の業務〕（〇はいくつでも）

25.4	学長または総長	3.1
12.9	理事長	4.1
10.6	副学長	8.8
11.8	常任理事・常務理事・専務理事	7.5
24.2	理事	20.1
1.4	非常勤理事	0.4
8.6	事務局長(注)および相当職	9.3
2.5	学部長・研究科長(部局長)	4.1
2.0	その他(具体的に　　　　　)	7.1

(注)事務局長とは、事務を実行する組織のトップの役職をさします。

問2　大学全体の運営について、現在あなたが<u>主たる責任者</u>として主管されている主な分野を次の中から1つだけお答えください。（〇は1つ）

16.1	教育・学務	0.6	施設・設備
3.7	研究	1.6	産学連携・社会貢献
0.9	学生・就職関連	0.7	国際化関連
11.7	総務・人事	8.5	大学全体の企画・戦略・評価
8.8	財務	31.4	大学全体の統括
0.5	広報・マーケティング	6.6	その他(具体的に　　　　　)
		7.8	その他複数

問3　あなたの大学では、次の事柄の決定は実質的に誰がしていますか。a〜nそれぞれについて
　　　あてはまるものすべてに〇をつけてください。　（〇はそれぞれいくつでも）

	地方自治体	理事長	学長・総長	副学長・担当理事・顧問など	学外理事・監事	役員会・理事会	評議員会・経営協議会	全学評議会・全学委員会	学部長・学科長	教授会	個々の教員	その他
a．理念・ビジョン	4.6	52.6	80.2	26.7	1.8	40.4	10.9	9.1	7.8	8.7	1.0	1.2
b．大学全体の戦略	1.9	48.6	82.1	32.7	1.9	41.9	12.0	10.9	9.1	7.8	0.4	1.4
c．大学全体の主要管理職の人事	4.2	51.3	73.8	28.4	0.5	24.6	3.6	2.3	4.8	8.5	–	2.5
d．関係省庁や外部関係者との交渉	1.5	37.1	57.8	59.7	1.6	6.5	0.7	0.8	13.9	0.7	6.1	16.5
e．組織・人事戦略（組織構造や選考基準設定、など）	1.4	45.4	67.2	48.5	0.6	29.7	6.8	7.5	12.0	8.3	0.1	7.2
f．教員の採用・昇進基準	0.1	28.8	66.0	27.9	0.1	19.6	5.8	12.4	29.9	40.8	0.3	3.9
g．人件費の方針・予算	5.9	55.8	45.3	48.3	1.4	44.2	13.9	3.3	3.6	1.7	–	6.9
h．人件費を除く、その他予算の方針・配分	3.5	44.5	53.2	52.0	1.3	40.7	13.4	8.6	5.0	0.4		8.5
i．学部・学科の再編方針	2.6	36.1	79.8	37.4	0.9	34.1	9.9	15.7	38.5	31.3	1.2	2.0
j．新しい教育プログラム採択方針	0.1	16.6	75.5	43.9	0.5	16.3	5.7	23.0	39.7	37.1	1.9	1.9
k．教育活動の評価基準	0.3	13.4	65.4	46.0	0.5	12.3	5.0	26.1	34.0	28.1	1.7	3.8
l．学内の優先的研究領域・テーマ（COE 等）	–	13.2	76.2	45.0	0.5	15.0	4.5	16.3	28.8	18.6	5.2	4.4
m．研究活動の評価基準	–	12.3	65.1	45.8	0.3	13.0	4.0	21.9	30.6	22.6	2.5	5.0
n．国際化の戦略・方針	0.6	28.8	76.6	49.6	0.2	20.7	5.5	18.2	18.8	15.0	1.4	6.3

問4　ご自身は、担当している役職者として（兼任の場合は、最も上位職として）、次のa〜nのそれぞれの
　　　事柄の決定に、どの程度の影響を与えていますか。（〇は1つずつ）

	大いに影響を与えている	ある程度影響を与えている	どちらとも言えない	あまり影響を与えていない	まったく影響を与えていない
a．理念・ビジョンの策定または改訂	36.3	44.9	10.3	6.4	1.0
b．大学全体の戦略策定	37.2	46.6	10.0	3.8	1.3
c．大学全体の主要管理職の人事	28.8	35.7	15.6	11.3	7.0
d．関係省庁や外部関係者との交渉	20.3	46.1	18.0	10.1	3.8
e．組織・人事戦略の策定（組織構造や選考基準設定、など）	25.3	46.9	16.0	7.6	2.8
f．教員の採用・昇進やテニュアの決定	15.9	35.2	17.7	17.0	12.7
g．人件費の方針・予算	27.7	34.9	18.6	11.8	6.0
h．人件費を除く、その他予算の方針・配分	24.9	42.4	17.4	10.1	4.3
i．学部・学科の再編方針の決定	26.5	37.5	17.5	10.7	6.3
j．新しい教育プログラムの決定	19.1	34.7	19.2	17.7	8.1
k．教育活動の評価	15.4	32.8	21.6	18.4	10.3
l．学内の優先的研究領域・テーマの決定（COE 等）	16.3	28.7	25.1	16.5	11.3
m．研究活動の評価	13.0	27.2	24.8	19.0	14.4
n．国際化の諸活動	16.0	34.8	24.8	15.1	8.2

問5　あなたが、今まで大学の意思決定に影響を与えた時に、以下のa〜pの事柄は実際にどの程度有効であったと思いますか。　（○は1つずつ）

	大いに有効であった	ある程度有効であった	どちらとも言えない	あまり有効でなかった	まったく有効でなかった
a．ビジョン・戦略を創る能力	30.9	45.9	16.6	3.7	1.0
b．組織やチームをリードする能力	28.1	49.7	17.4	2.2	0.5
c．事業・業務をやりぬく能力	29.9	51.5	14.2	1.4	0.5
d．対外的な交渉を行う能力	21.5	49.4	22.4	3.4	1.0
e．関係者間の調整を行う能力	30.0	52.0	13.9	1.4	0.5
f．教職員・学生などに大学の方針を伝える能力	19.1	49.1	24.3	3.9	1.2
g．教職員・学生などの意見をくみ上げる能力	15.6	53.2	23.5	5.1	0.8
h．人的ネットワークを構築する能力	20.3	47.5	25.6	3.7	0.8
i．大学の顔としての役割を担う能力	20.1	32.8	33.4	8.7	2.6
j．担当する業務に関する専門的知識（財務・法務など）	16.7	39.4	32.8	7.4	1.5
k．国際・多文化の環境で働く能力	10.9	27.7	36.4	17.1	5.5
l．顕著な学術的研究能力	9.2	21.4	35.7	16.3	14.7
m．顕著な社会的貢献能力	10.8	32.1	38.8	11.5	4.3
n．人にやる気を起させる能力	15.7	48.2	30.3	2.8	1.1
o．人格者であること	11.4	33.2	46.5	4.1	2.3
p．その他（具体的に　　　　　　　）	2.7	2.7	3.0	0.1	0.2

問6　あなたの大学の実態とあるべき姿について、次の（1）および（2）にお答えください。

> ＊「上級管理職」とは、大学全体レベルの業務を担う学部長より上位職位をさします。
> 　（学部長が副学長等を兼任している場合は含みます）
> ＊「経営管理職」とは、職員または外部組織出身の上級管理職をさします。
> ＊「学術管理職」とは、教員・研究者出身の上級管理職をさします。

（1）あなたの大学の実態について、最も当てはまるものを1つ選択してください。（〇は1つずつ）

	大いに そう思う	ある程度 そう思う	どちらとも 言えない	あまり そう思わ ない	まったく そう思わ ない
a．上級管理職間の責任体制は明確だ	33.3	49.7	10.7	4.7	0.9
b．上級管理職と職員の意思疎通はよいほうだ	17.7	57.4	18.6	4.9	0.5
c．上級管理職と教員との意思疎通はよいほうだ	11.9	50.6	27.8	7.6	0.9
d．学長（総長）がトップダウンで意思決定をする	16.9	44.6	21.3	13.5	2.4
（公立大学および私立大学のみ、お答えください） e．理事長がトップダウンで意思決定をする	18.7	36.6	17.9	15.5	4.4
f．学長と上級管理職との情報交換はスムーズに行わ れている	29.8	52.8	9.7	3.0	0.8
（公立大学および私立大学のみ、お答えください） g．理事長と上級管理職との情報交換はスムーズに 行われている	24.8	51.0	11.6	4.8	0.9
h．事務局長（相当職）と上級管理職との情報交換は スムーズに行われている	28.0	53.4	11.7	2.6	0.8
i．上級管理職間の情報交換はスムーズに行われている	23.3	55.1	15.3	2.6	0.4
j．上級管理職と下位の管理職（学部内管理職）との 情報交換はスムーズに行われている	11.5	57.4	24.3	4.3	0.5
k．上級管理職内で、職員出身者と教員出身者との 方向性は一致している	13.5	50.3	27.0	6.3	0.9
l．上級管理職内で、学内出身理事と学外理事（出向者 を含む）との方向性は一致している	15.8	52.0	22.6	4.3	1.3
m．一般の教・職員の意見があまり反映されていない	1.1	11.3	40.7	41.2	3.9
n．大学経営を背負っていく人材が学内職員の中で 育っている	2.0	33.8	35.7	23.4	3.5
o．大学経営を背負っていく人材が学内教員の中で 育っている	1.9	28.4	37.9	26.6	3.4
p．現在の上級管理職の活動に満足している	8.5	47.1	28.0	13.5	1.1
q．現在の上級管理職は、自大学の状況をよく理解して いる	18.2	59.2	14.7	5.9	0.4
r．現在の上級管理職は、外部環境の変化に適切に 対応している	12.4	48.1	28.2	8.5	1.0

（2）上級管理職内におけるあなたの①大学の実態と②あるべき姿について、最もあてはまる番号をそれ
　　ぞれお答えください。（○は１つずつ）

A		Aに近い	ややAに近い	どちらともいえない	ややBに近い	Bに近い	B
①	現在の上級管理職内では「経営管理職」の影響力の方が強い	9.3	31.0	25.2	22.7	8.6	現在の上級管理職内では「学術管理職」の影響力の方が強い
②	上級管理職内では「経営管理職」の影響力をもっと強くした方がよい	7.5	33.0	41.7	11.9	2.9	上級管理職内では「学術管理職」の影響力をもっと強くした方がよい

問7　あなたの大学のあるべき姿として、あなたの考えに最も当てはまるものをお答えください。
　　（○は１つずつ）

　　＊「経営管理職」とは、職員または外部組織出身の上級管理職をさします。
　　＊「学術管理職」とは、教員・研究者出身の上級管理職をさします。
　　＊「大学経営専門家」とは、教員、職員の業務を超えて、大学マネジメント全般について
　　　高度な専門的教育研修を受け、それを実践できる人材をさします。

	大いにそう思う	ある程度そう思う	どちらとも言えない	あまりそう思わない	まったくそう思わない
a．上級管理職内には「大学経営専門家」が必要である	26.0	52.2	14.8	5.2	0.7
b．上級管理職内で、意見の対立があった場合は、学長（または理事長）が指導力を発揮し調整する	49.6	41.5	6.0	1.5	0.1
c．上級管理職内で、意見の対立があった場合は、合議制で調整する	7.7	39.2	28.6	21.3	1.8
d．上級管理職を評価し、解任できる仕組みが必要である	14.0	48.8	28.1	6.9	0.8
e．学外者による大学経営への参加を促進する	7.7	43.0	33.6	13.8	1.0
f．大学内で、教員層と職員層の交流人事をする	9.2	35.1	28.3	22.0	4.0
g．専門機関が大学上級管理職のリーダーシップや経営能力について教育する	10.1	47.5	27.4	12.5	1.1
h．大学上級管理職は、自分の大学内で経験を積むことで、必要な知識や技能を身につける	6.0	58.4	24.0	9.3	1.0
i．大学上級管理職には、学術組織以外の組織でのマネジメント経験が必要である	12.0	49.5	27.3	9.9	0.1

2．職業キャリアについて

問8　現勤務大学での勤務を開始されたのはいつからですか？

西暦 ＿＿＿ 年から

16. 1 ～1979 年
16. 7 1980～1989 年
18. 1 1990～1999 年
8. 1 2000～2004 年
15. 0 2005～2009 年
11. 7 2010～2012 年
12. 6 2013～2015 年

問9　現在の役職に就かれたのはいつからですか？

西暦 ＿＿＿ 年から

1. 8 ～1999 年
5. 1 2000～2004 年
19. 2 2005～2009 年
6. 6 2010 年
10. 6 2011 年
14. 1 2012 年
14. 8 2013 年
26. 4 2014 年以降

問10　現在の役職に就任するまでにご経験された役職に○をつけてください。（○はいくつでも）

59.1	全学レベルの審議・意思決定に関わる役職（役員会・理事会・評議会のメンバーなど）
39.9	上級管理職（理事、副学長、学長補佐など）
43.2	全学レベルの委員会の委員長・主査
47.4	部局の最高責任者（学部長、研究所長、部長など）
21.4	大学本部事務局の管理職（課長以上）
10.2	大学以外の教育機関の管理職（課長以上）
13.6	政府・自治体または政府関係機関の管理職（課長以上）
14.4	（国内の）民間企業・非政府機関の管理職（課長以上）
1.7	経営コンサルタント、弁護士、公認会計士など
0.8	外国企業・国際機関の管理職（課長以上）
5.1	その他（具体的に　　　　　　　　　　　　　　　　）

問11　あなたは今まで次のようなマネジメントあるいは管理・運営の教育・研修を受けたご経験がありますか。（○はいくつでも）

3.1	大学院レベルで管理者としての教育・訓練を受けた経験がある（MBA、公共経営修士など）
2.4	大学院レベルで大学の管理・運営に特化した教育・研修を通算1年以上受けた経験がある
27.4	外部機関による大学管理・運営に特化した教育・研修を受けた経験がある
14.2	大学内で、大学管理・運営に特化した教育・研修を受けた経験がある
11.6	その他（具体的に：　　　　　　　　　　　　　　　）
47.0	管理・運営・マネジメントに関する教育・研修は特に受けたことがない

問12　あなたは現在、ご自分の業務をどのような時間配分で行われていますか。全体が100％になるようにお答えください。

		配分の割合
a．大学のビジョン・戦略の検討・策定および普及	平均	20.5
b．大学の日常的な管理・運営・調整	平均	46.7
c．対外的な交渉・ネットワーキング・広報	平均	11.4
d．政府や社会における社会貢献活動	平均	6.7
e．研究・学会・教育活動	平均	11.2
f．その他（具体的に　　　　　　　）	平均	3.4
合　計		100％

3．勤務先の大学とあなたご自身について

問13　あなたの年齢について、お答えください。（○は1つ）

0.2	40歳未満
1.7	40歳代
21.2	50歳代
55.3	60歳代
20.9	70歳以上

問14　あなたの性別について、お答えください。（○は1つ）

93.4	男性
5.8	女性

問15　あなたが取得されている学位・資格について、お答えください。（あてはまるものすべてに○）

42.9	博士、Ph.D
1.1	博士相当の専門職学位
26.6	修士（アカデミックなもの）
1.9	MBAや修士相当の専門職学位
1.1	大学院レベルのサーティフィケート・資格
48.7	学士
12.2	医師, 弁護士, 公認会計士等の専門職資格
3.2	その他（具体的に　　　　　　　　　　　　　　　　　　　　）

問16　あなたの大学の設置形態は以下のどれにあたりますか。（○は1つ）

21.1	国立大学
17.0	公立大学
61.9	私立大学

問17　あなたの大学の在籍学生数（大学院を含む）は以下のどれにあたりますか。（○は1つ）

23.2	1,000人未満
38.4	1,000人～3,000人未満
9.7	3,000人～5,000人未満
16.1	5,000人～10,000人未満
12.6	10,000人以上

問18　あなたの大学の主たるキャンパスはどちらにありますか。（○は1つ）

37.4	政令指定都市、東京23区
61.9	上記以外

問19　あなたの大学の教育タイプは以下のどれにあたりますか。（○は1つ）

12.1	5分野以上で年50件以上の博士号を授与
8.7	3分野以上で年20件以上の博士号を授与
11.3	年20件以上の修士号を授与
44.6	学部教育に重点
20.5	保健系単科大学、芸術系単科大学、教育系単科大学、商船大学、水産大学など職業専門教育に重点

問20　最後に、大学上級管理職のあり方、育成の仕方など自由にご意見をお書きください。

ご協力ありがとうございました

あとがき

　本書は、編著ではあるが、私にとって二冊目の本といえる。恥ずかしいことに、博士学位論文をもとにした最初の著書『私立大学の経営と拡大・再編―1980年代後半以降の動態』からあっという間に10年近くたってしまった。大学経営の実態について、多くの訪問調査やアンケート調査など精いっぱい研究を続け、口頭発表や論文の形ではそれなりに成果を発表してきたつもりであったが、知りたいこと、やりたいことを優先して、本にまとめることは忙しいのを言い訳に後回しにしてきた。最近は、大学の学長など、上級管理職向けの研修の場面で話をさせてもらう機会が増えてきたが、そうした中で、「こういう研究をしている研究者がいるなんて知らなかった。本にまとめておいてください」と言われることが多くなり、大学の上級管理職養成の重要さを訴えていきたいのであれば、本を出すべきだと徐々に痛感するようになった。最初の書籍に続き、出版を引き受けてくださった東信堂の下田勝司社長に感謝申し上げたい。

　本書の初出論文一覧は以下のとおりである。このテーマに関してこの数年で書いたものが主となるが、本書に収めるにあたり必要な加筆修正を加えた。

はじめに　書き下ろし
第1章　両角亜希子・小林武夫・塩田邦成・福井文威 (2018)「大学上級管理職向け研修・教育プログラムの現状と課題」『大学経営政策研究』第8号、95-111頁
第2章　王帥・両角亜希子 (2016)「大学上級管理職の経営能力養成の現状と将来展望―上級管理職調査から」『大学経営政策研究』第6号、2016年3月、17-32頁
第3章　書き下ろし

第 4 章　両角亜希子(2014)「大学教員の意思決定参加に対する現状と将来像」広島大学高等教育研究開発センター『大学論集』第 45 集、65-79 頁

第 5 章　塩田邦成・両角亜希子(2016)「大学教員の大学改革へのモチベーション」『大学経営政策研究』第 6 号、2016 年 3 月、33-48 頁

第 6 章　平本早雪・両角亜希子(2018)「私立大学における学長の属性と影響力—上級管理職調査から」『東京大学大学院教育学研究科紀要』第 57 巻、147-164 頁

第 7 章　両角亜希子(2019)「学長のリーダーシップとその能力養成」『名古屋高等教育研究』第 19 号、171-197 頁

終章　書き下ろし

本書をまとめるまでに多くの方にお世話になった。多くの大学関係者に、アンケート調査やインタビュー調査にご協力いただけなければ、この研究は不可能であった。すべての方の名前を挙げることはできないが、感謝申し上げたい。多くの学長先生、学長経験者の先生にお忙しい中、貴重なお話を伺うことができた。学長セミナーのアドバイザー学長や参加者の学長の先生方にも本書をまとめるうえでの多くのヒントをいただいた。優秀な学長先生はビジョンを持ち、周囲と良好な関係を構築している方ばかりで、インタビューは勉強になるだけでなく、とても楽しい時間であった。研究をきっかけに、人柄に魅力を感じる素晴らしい方々と出会えたことに感謝している。ありがたいことに、私が所属している東京大学大学経営・政策コースの学生や修了生をはじめとして、様々な訪問調査で出会う多くの大学関係者の方々などと大学経営の話をさせてきてもらう機会に恵まれているが、そうした経験なくして本書はできなかったと思う。

　本書は、序章でも述べた通り、2 つの研究助成によるプロジェクトの成果である。議論をしながら一緒に論文を書いてくれた共同研究者たちにまず感謝したい。2 つのアンケート調査を主に用いて分析したが、このうちの上級管理職調査は、アンケートの設計・作成・実施の段階で育児休暇を取っていたこともあり、まったく貢献ができなかった。それにもかかわらず、調査結

果を分析し、調査票を本書に掲載することを快くお認めいただいた研究代表者の川嶋太津夫先生、この研究会をリードされてきた山本清先生はじめ共同研究者の皆様に感謝申し上げたい。大学経営・政策コース事務室の事務補佐員である塩澤容子さん、内河千佳代さんにも様々なサポートをいただいた。感謝申し上げたい。

　そして、いつも一番近くで支えてくれる家族に最大の感謝を送りたい。

　2019年9月

　　　　　　　　　　　　　　　　　　　　　　　　　　　両角亜希子

索　引

執筆者紹介

両角亜希子 【序章・第 1 章・第 2 章・第 4 章・第 5 章・第 6 章・第 7 章・終章】
編著者、奥付参照

王帥（おう・すい）【第 1 章・第 6 章】
東京大学社会科学研究所助教
『中国における大学奨学金制度と評価』（単著、東信堂、2016）など

小林武夫（こばやし・たけお）【第 2 章】
自由が丘産能短期大学学長
学校法人産業能率大学理事
「理事会決定と評議員会諮問―大学を設置する学校法人寄附行為の分析―」（単著、東京大学大学院教育学研究科大学経営・政策コース紀要『大学経営政策研究』第 4 号 2014）、「寄付行為から見る私大運営」（単著、『日本経済新聞』2013 年 7 月 15 日）など

塩田邦成（しおた・くになり）【第 2 章・第 5 章】
大阪電気通信大学大学事務局長・理事
『大学のミッション経営　14 校の実践事例から学ぶ中長期計画』（分担執筆、エデュース学校経営研究所、2016）など

福井文威（ふくい・ふみたけ）【第 2 章】
鎌倉女子大学学術研究所准教授、コロンビア大学客員研究員
『米国高等教育の拡大する個人寄付』（単著、東信堂、2018、日本 NPO 学会賞優秀賞、日本教育社会学会奨励賞）、『Higher Education in Japan』（分担執筆、MHM、近刊）など。

山岸直司（やまぎし・なおじ）【第 3 章】
桜美林大学グローバル・コミュニケーション学群准教授
「成果重視の質評価に関する米国連邦教育省の高等教育政策―1980 年代から 90 年代における検討―」（2017）大学経営政策研究 .「Development of an international model of faculty learning community」（2016）Proceedings of 2016 Original Lilly Conference.

平本早雪（ひらもと・さゆき）【第 6 章】
武蔵大学教務課
「私立大学における学長の属性と影響力―上級管理職調査から」（共著、『東京大学大学院教育学研究科紀要』第 57 巻、2018）

編著者

両角亜希子（もろずみ・あきこ）

東京大学大学院教育学研究科准教授

慶應義塾大学環境情報学部卒業、東京大学大学院教育学研究科博士課程修了、博士（教育学）。

産業技術総合研究所技術と社会研究センター特別研究員、東京大学大学総合教育研究センター助手、助教、東京大学大学院教育学研究科講師を経て 2013 年より現職。

『グローバル化時代の教育改革—教育の質保証とガバナンス』（分担執筆、東京大学出版会、2019）、『大学経営・政策入門』（分担執筆、東信堂、2018）、『私立大学の経営と拡大・再編—1980 年代後半以降の動態』（単著、東信堂、2010）など

学長リーダーシップの条件

2019年12月10日　　初　版第1刷発行

〔検印省略〕
定価はカバーに表示してあります。

編著者ⓒ両角亜希子／発行者　下田勝司

印刷・製本／中央精版印刷

東京都文京区向丘 1-20-6　　郵便振替 00110-6-37828
〒 113-0023　TEL（03）3818-5521　FAX（03）3818-5514
Published by TOSHINDO PUBLISHING CO., LTD.
1-20-6, Mukougaoka, Bunkyo-ku, Tokyo, 113-0023, Japan
E-mail : tk203444@fsinet.or.jp　http://www.toshindo-pub.com

発　行　所
株式会社　東信堂

ISBN978-4-7989-1607-1　C3037　ⓒ Morozumi Akiko